The FIVE-MINUTE JOURNAL

가장 쉽게, 가장 효과적으로 하루를
더 행복하고 풍요한 날로 만드는 방법

THE FIVE MINUTE JOURNAL

Copyright ⓒ THE FIVE MINUTE JOURNAL
All rights reserved

Korean translation copyright ⓒ 2017 by Midnight Bookstore
Korean translation rights arranged with INTELLIGENT CHANGE
through EYA(Eric Yang Agency).

이 책의 한국어판 저작권은 EYA(Eric Yang Agency)를 통한
INTELLIGENT CHANGE 사와의 독점계약으로
'(주)심야책방'이 소유합니다.
저작권법에 의하여 한국 내에서 보호를 받는 저작물이므로 무단전재 및 복제를 금합니다.

The FIVE-MINUTE JOURNAL

하루 5분 아침 일기

인텔리전트 체인지 지음
정지현 옮김

평생 배우고 실천하는 사람들에게 바칩니다.
당신들이 존재하기에 세상은 매일 변화합니다.

당신이 이 책을 사랑할 수밖에 없는 이유

1. **하루 5분, 아침 일기를 쓰는 것은 행복을 위해 매일 실천할 수 있는 가장 쉽고 효과적인 방법이기 때문이다.** 아침 일기는 삶의 긍정적인 면에 초점을 맞추게 한다. 모든 것이 새롭게 깨어나는 시간, 이 책을 펼쳐 거기에 적힌 지혜의 조언과 가치 있는 질문을 만나는 순간, 우리는 어떤 하루를 살아야 행복해질 수 있는지에 온전히 집중하고 있는 자신을 발견하게 된다. 이 책은 하루를 시작하고 끝내는 탁월한 방법이다.

2. **부정적인 감정을 다스리는 데 이 책이 각별한 지혜와 도움을 주기 때문이다.** 심리학자들이 불안이나 분노 등과 같은 부정적 감정에서 벗어나 긍정적인 행동 특징에 집중하는 것이 인생에 더 유리하다는 진리를 발견하기까지는 무려 80년의 시간이 걸렸다. 그럼에도 많은 사람들이 여전히 두렵고 어두운 감정의 늪에서 허우적거리고 있는 것 또한 사실이다. 성공은 긍정 마인드의 결실이다. 이 책이 안내하는 하루 5분, 자신과 오롯이 만나는 시간을 통해 우리는 감정의 주인이 되는 기쁨과 충만함을 선물로 얻게 될 것이다.

3. **아침에 일기를 쓰면 의미 있는 '성취감'으로 하루를 시작할 수 있기 때문이다.** 5분이라는 짧은 시간 그리고 간단한 몇 줄 작성이라 할지라도, 아침 일기를 쓰고 나면 뭔가를 해냈다는 성취감을 맛볼 수 있다고 성공하는 사람들은 입을 모은다. 성취감을 느끼며 가벼운 발걸음으로 출근하는 사람과 시간에 쫓겨 허겁지겁 집 밖으로 뛰쳐나온 사람의 모습을 차례로 머릿속에 떠올려보라. 당신은 둘 중 어떤 모습으로 하루를 시작하는가? 아침 일기를 쓰고 싶은

마음은 간절하지만 너무 바빠 실천에 옮기지 못하고 있는 사람이라면 더 이상 고민하지 않아도 된다. 이 책은 바로 그런 사람들을 위해 출간되었다. 일기를 쓰지 못하는 모든 핑계를 유쾌하고 명쾌하게 제서해준다.

4. 열심히 살아가는 하루, 한 주, 한 달, 한 해를 한 권의 책에 담아놓는 것은 인생의 보물창고 하나를 짓는 일과도 같기 때문이다. 너무도 아름다워 숨이 막혔던 순간을 기억하는가? 설명할 수 없는 그리움에 젖어 가만히 미소를 지었는가? 마지막으로 춤을 춘 것은, 노래를 불러본 적은 언제인가? 이 책은 들여다보면 들여다볼수록 더욱 빛나는 삶의 풍경을 우리에게 선물할 것이다. 지혜로운 사람들은 "지금 이 순간을 살라"고 말한다. 하루 5분, 일기를 쓴다는 것 그 자체가 우리 삶의 가장 아름다운 순간이 되어줄 것이다.

5. 일기를 쓰는 습관만큼 '꾸준함'을 길러주는 것도 없기 때문이다. 꾸준함을 몸에 들이면 살아가는 데 얼마나 큰 이로움이 있는지 우리는 잘 알고 있다. 우리 주변의 대부분 사람들이 꾸준함의 습관을 들이는 데 실패할 때, 이 책의 조언을 따라 아침 일기를 써나간다면 당신은 성공의 맨 앞자리에 서 있게 된다. 나아가 매일 아침 일기를 쓴다는 건 삶의 긍정적인 변화에 집중하도록 이끈다.

하루에 5분만 자신에 대해 생각하고 글을 써라.
전혀 다른 삶을 살게 될 것이다.

차 례

당신이 이 책을 사랑할 수밖에 없는 이유 · 6

삶을 바꾸는 전혀 다른 선택 · 12

원하는 변화를 얻는 유일한 방법 · 14
    성공하는 사람들은 왜 아침에 일기를 쓸까?

새로운 아침을 여는 지혜로운 루틴 · 21
    살라, 지금 이 순간을
    하루하루를 더 특별하게 만들기
    나를 깨우는 긍정의 한 줄

하루를 마무리하는 탁월한 질문들 · 30
    감탄이 날 만큼 놀라운 일 3가지
    후회 없는 날을 만드는 지혜

주간 도전 과제 · 34

나의 약속 · 36

꾸준함을 위한 해결책 · 38
    진실과 행동
    책임을 다하기 위하여

하루 5분, 일기 쓰기의 예 · 46

나의 일기 · 48

이정표 그리고 커피 한 잔의 여유 · 270

감사의 말 · 278

> 마법을 믿지 않는 사람은
> 절대 마법을 찾을 수 없다.

_로알드 달

Those who don't believe in magic
will never find it.

《하루 5분 아침 일기》는 눈을 뜨자마자 시곗바늘에 쫓겨

아무것도 생각할 겨를 없던 당신에게

전혀 경험하지 못했던 가치 있는 시작을 열어줍니다.

이 책은 마법 같은 힘을 발휘하지만 마법 그 자체는 결코 아닙니다.

이 책과 당신 사이의 연결고리는 '노력'입니다.

당신을 포근한 담요로 감싸고 있는 안전지대를 박차고 나오세요.

행동으로 당신 삶에 멋진 마법을 만드세요.

이 노력을 통해 당신은 깨닫게 됩니다.

당신은 늘 준비가 되어 있었다는 것을.

삶을 바꾸는 전혀 다른 선택

당신이 반복적으로 하는 일,
그것이 바로 당신이다.
그러므로 탁월함은 행동이 아니라 습관이다.
_아리스토텔레스

지혜로운 철학자 아리스토텔레스의 명언은 '앎과 실천' 사이를 들여다보게 해준다. '상식적으로 알고 있는 것'과 '상식적인 행동'은 완전히 다르다. 우리는 어떻게 해야 삶이 더 건강하고 행복해질 수 있는지에 대해서는 경탄할 만한 지식을 갖고 있다. 하지만 건강을 위해 매일 100미터를 걷는 실천에 대해서는 어떤가? 너무나 인색하고 박약하지 않은가?

사람들의 건강과 식단 조절을 연구하는 의사들 가운데 44퍼센트 이상이 과체중인 이유도 이 때문이다. 우리는 앎과 실천이 매우 비대칭적인 삶을 살아간다. 또한 자전거 타기에 관한 책을 수없이 읽었다 할지라도 투르 드 프랑스 대회에 출전할 수 있는 것은 아니다.

인간의 '의지'도 근육처럼 사용하면 할수록 피로해지는 제한적 자원이라는 사실을 밝혀낸 흥미로운 연구결과가 있다. 다시 말해 결심만 거듭하는 것, 맹세와 다짐만 늘어놓는 일은 만성 피로와 스트레스를 불러올 뿐이다.

인생의 성공은 달콤한 라테 한 잔을 마실 것인지, 아니면 쇼핑을 할 것인지 사이에서 하나를 선택하는 데에 있지 않다. 인생의 성공은 '지금까지와는 전혀 다른 차원의 선택'을 하는 데서 출발하고 완성된다. 그렇다고 해서 화려하고 거창한 선택일 리 없다. 하루에 한 걸음을 더 걷는 선택, 그것이 당신의 삶을 완전히 바꿔놓는 전혀 다른 선택이다.

《하루 5분 아침 일기》는 높은 성과, 더 큰 성공을 거둔 인물들에게서 영감을 얻어 당신에게 작고 쉽지만 강력한 결과를 끌어내는 방법들을 제안한다. 하루 5분이라고 해서 과소평가해서는 안 된다. 바로 지금, 지구상에 존재하는 수십만 명이 자기 삶에 빛나는 영감과 통찰을 가져다주는 아침 5분을 이 책에 쓰고 있다는 사실을 명심하라.

원하는 변화를 얻는 유일한 방법

성공하는 사람들은
왜 아침에 일기를 쓸까?

> 건강과 부, 지혜를 얻는 유일한 방법은
> 일찍 자고 일찍 일어나는 것이다.
> _벤저민 프랭클린

고대와 근대를 거쳐 오늘날에 이르기까지, 인류의 지혜는 하루의 시작과 끝이야말로 생각하고 성찰하고 문제를 바로잡을 수 있는 최적의 시간임을 가르쳐준다. 하루가 언제 시작되고 언제 끝나든 상관없이, 남다른 부와 명예, 성취를 얻은 사람들은 늘 더 나은 삶을 도와주는 긍정적인 의식 절차를 갖고 있었다.

의식 절차라고 해서 거창한 것은 아니다. 엄청나게 성공한 CEO이든, 내공이 단단한 불교의 고승이든 간에, 그들의 삶을 끌어가는 핵심 동력 중 하나인 아침 의식은 소박하고 간단했다.

즉 이 책 같이 아침 일기를 작성할 수 있는 다이어리와 펜을 침대 옆에 놓아두면 충분하다. 이 책은 당신이 아침에 눈뜨자마자, 그리고 한 걸음 더 나아가 밤에 잠들기 직전에 꼭 하고 싶은 일이 되어야 한다. 손 내밀면 바로 닿을 수 있도록 이 책을 침대 옆 작은 탁자에 올려놓으라. 그러면 분명 큰 보상을 얻게 될 것이다.

하루 5분만 투자하면 긍정적인 생각과 행동 패턴을 만들 수 있다. 5분은 최소한의 노력으로 놀랄 만한 보상을 가능하게 해주는 이상적인 시간 범위다. 다시 말해 5분은, 어떤 일에 대해 가장 높은 집중력과 효율성을 발휘할 수 있는 최적의 시간 길이다.

하루 5분, 성장하는 나를 발견하는 시간

아침에 눈을 떴을 때 모든 게 원하는 대로 흘러가고 있다는 생각이 든 날이 있었는가? 모든 일이 다 쉽고 전혀 힘들이지 않아도 되는, 그저 미소와 웃음만 나오는 하루 말이다.

매일이 그럴 수는 없을까?

《하루 5분 아침 일기》는 당신에게 그런 하루를 만들어주고자 한다. 막 잠에서 깨어나는 순간의 몇 분은, 그날 하루의 전체 분위기를 결정할 수 있는 소중한 기회다. 이 책은 바로 그 순간에 긍정적인 습관 고리를 만들어주는 질문을 당신에게 던진다.

따라서 비록 다음과 같은 상황이라 해도 반드시 눈을 뜨자마자 이 책을 열어야 한다.

계속 5분만 더 자고 싶은가? 그럴 수도 있다.
어쨌든 이 책을 펼쳐 일기를 써야 한다.

몸이 찌뿌둥한가? 그럴 수도 있다.
어쨌든 이 책을 펼쳐 일기를 써야 한다.

회사에 지각하게 생겼는가? 그럴 수도 있다.
어쨌든 이 책을 펼쳐 일기를 써야 한다.

성장은 달콤하지만은 않다. 항상 안락하지도 않다. 나비넥타이를 한 귀여운 모습으로 나타나는 것도 아니다. 성장에 따르는 보상은 값으로 따질 수 없다. 성장은 만족스러운 인간관계와 최상의 건강, 편안한 밤으로 이어질 수 있다.

'저항'이 당신에게 필요한 성장을 가로막을 수도 있다. 그것은 우울증과 연약함, 신용카드 빚을 불러온다.

매일 아침 이 책을 펼쳐 질문에 답하면 저항을 밀어낼 수 있다. 자신에게 새로운 성장 기회를 발견하게 하고, 포기하지 않고 계속 나아가는 힘을 축적시킨다. 세상이 당신을 기억하게 만들 수 있다. 세상에 당신만의 가치 있는 흔적을 남길 수 있다.

하루를 닫는 지혜로운 습관

아침에 일기를 쓰고, 잠자리 들기 전에 한 번 더 이 책을 펼쳐 질문에 답을 채우면 삶은 더욱 풍요로워질 것이다.

당신은 잠자리에 들기 전에 보통 무엇을 하는가?

정해진 일과가 있는가?

오늘날 우리는 하루 평균 5시간 11분 동안 TV를 시청한다. 당신이 이 글을 읽는 지금, 만약 TV가 예전만큼 인기 있지 않다면 TV 대신 첨단 스마트폰이나 완전히 새로운 모바일 기기를 사용하고 있을 것이다. 하지만 아주 오랜 후에도 변하지 않을 한 가지가 있다.

TV나 모바일 기기를 가장 적극적으로 사용하는 시간은 지금도, 내일도, 미래에도 대부분 잠들기 직전일 것이다.

이 시간을 자신에게 투자한다면 어떻게 될까?
당신의 행복에 투자한다면?

잠들기 전에 일기를 쓰는 것은 올바른 방향으로 내딛는 한 걸음이다. 매일의 습관으로 만들어야 한다(물론 양치질과 치실 사용도 매일 잠들기 전에 하기를 권장한다).

놀라운 결과는 언제나 현명한 방식과 일관성에서 나온다. '조화로운 관계의 비결'을 예로 들어보자. 실존하는 어떤 커플은 그 어떤 TV 드라마보다도 더 극적인 파국과 불행을 보여준다. 하지만 시간이 흐를수록 사랑이 더 깊어지고 평생 말다툼 한 번 하지 않는 커플들도 있다. 이 같은 만족스러운 관계를 맺는 커플들에게는 잘 알려지지 않은 특징이 있다. 그 비결이 그들을 더 행복하게 해주고 지속적인 유대감을 만들어준다.

그 비결은 바로: 갈등이 있으면 그날 잠들기 전에 반드시 해결한다는 것이다. 사랑과 솔직함, 믿음으로.

마찬가지로 잠들기 전에 쓰는 일기 또한 아침 일기만큼이나 삶에서 중요하다. 잠들기 전에 일기를 쓰기 시작하면 이 책이 던지는 질문들이 우리를 얼마나 긍정적인 부분에 집중하게 만드는지 생생하게 알 수 있을 것이다. 어떤 하루를 보냈든 간에, 잠들기 직전에 일기를 쓰면 한결 편하게 잠들 수 있다.

힘들고 지치는 하루였는가? 그럴 수도 있다.
어쨌든 이 책을 펼쳐 답을 적어야 한다.

머리가 지끈지끈 아픈가? 그럴 수도 있다.
어쨌든 이 책을 펼쳐 답을 적어야 한다.

내일 아침 일찍 일어나야 하는가? 그럴 수도 있다.
어쨌든 이 책을 펼쳐 답을 적어야 한다.

> **잠재의식에
> 아무런 요청도 하지 않은 채
> 잠자리에 들지 마라.**

_토머스 에디슨

*Never go to sleep
without a request to your
subconscious.*

새로운 아침을 여는 지혜로운 루틴

살라,
지금 이 순간을

오늘의 감사한 일 3가지는 무엇인가?

인간에게 주어진 가장 큰 선물 가운데 하나는 어디에 초점을 맞출지 선택할 수 있는 능력이다. 내면이 차분하고 고요하면 무엇이든 다룰 수 있다. 선Zen을 수련하지 않은 사람들에게 가장 좋은 방법은 자신에게 주어진 축복을 떠올리며 하루를 시작하는 것이다.

만사가 잘 풀리지 않거나 이유 없이 짜증이 나고 기분이 좋지 않은 날을 삶에서 몰아내는 것. 그것이 곧 이 책의 목표다. 이 책을 활용하면 그런 날은 획기적으로 줄어들다가 마침내 자취를 감출 것이다.

당신이 어디에 있든, 어떤 상황에 처했든 간에 아침 일기를 쓰는 동안 긍정적인 방향으로 초점을 옮겨갈 수 있다.

예를 들어 다음과 같은 모습이다.

지금 이 순간, 감사하고 싶은 일은?

1. 따뜻한 침대에서 잘 수 있다는 것.
2. 몸이 아무런 문제없이 조화롭게 움직인다는 사실.
3. 진실한 친구들이 곁에 있다는 충만함.

감사의 목록을 작성할 때 유용한 팁이 하나 있다. '아직 당신이 갖고 있지 않은 것'에 감사한다고 적는 것이다.

예를 들어 당신은 더 나은 인간관계를 원하는가?

그렇다면 당신은 이런 문장을 떠올리면 원하는 것을 얻는 데 매우 효과적이다.

"나는 탁월한 내 사업 파트너와의 애정 가득하고 긍정적인 관계에 감사한다."

대상이 누구인지만 구체적으로 정의하면 충분하다. 간단한 방법이지만 꼭 실행에 옮겨보라. 이는 삶을 풍요하게 만드는 전혀 다른 종류의 새로운 연습이다.

감사란 무엇인가?

감사는 간단히 정의할 수 없는 훌륭한 감정이다. 영어로 감사를 뜻하는 gratitude는 라틴어 gratia(은혜, 품위, 감사함 등을 의미)에서 유래하는데, 언어학자들도 명확하게 설명하기 힘들어한다. "개인의 경험에서 경고되지 않은 증가분의 가치를 알아차리려는 의지"같은 정의는 학위논문에서는 멋있어 보이겠지만 참된 의미를 온전히 전달해주지 못한다. 이 책의 목표는 정확히지 않은 의미를 싣고 어려운 말로 위장하지 않는 것이다.

감사는 자신에게 주어진 축복을 헤아리는 것이다.

감사는 "고마워요"라는 말이 구체적인 형상을 얻은 느낌이다. 당신의 머릿속에서 만들어진, 친절한 행동에 대한 기대 밖의 보상이다. 전혀 모르는 사람도 미소 짓게 만드는 사랑스럽고 짜릿한, 온몸에 퍼져나가는 생생한 느낌이다.

과학자들은 왜 감사를 좋아하는가?

감사는 '끌림의 법칙' 같은 모호한 믿음 체계를 헤치고 나아간 후에도 가정주부에서 간호사 지망생까지 다양한 사람들에게 매우 큰 변화를 일으킨다는 사실이 증명되었다.

2003년 에먼스Emmons와 맥컬러프McCullough 박사는 감사 일기를 쓰는 사람은 숙면과 신체적 통증 감소, 행복감 증가, 변화에 대처하는 능력이 좋아진다는 사실을 발견해냈다.

뇌과학의 세계로 좀 더 깊이 들어가면 감사의 즉각적인 효과를 보여주는 또 다른 연구가 있다. 감사야말로 '행복'을 가져다주는 마법의 약이라고 할 수 있음을 보여준다. 2008년에 발표된 그 연구에서는 참가자들이 행복감을 느끼는 순간을 fMRI(기능적 자기공명영상)로 관찰한 결과, 행복감이 뇌의 시상하부hypothalamus에 실질적인 영향을 끼친다는 사실이 발견되었다.

시상하부가 무엇이냐고?

시상하부는 뇌의 조그만 영역으로 수면과 식사, 스트레스에 직접적인 영향을 끼친다. 또한 감사는 도파민과 연관 있는 뇌의 영역을 자극한다. 도파민은 뇌에 새로운 학습 경로를 만드는 신경전달물질이다.

한 마디로 말해:

하루 5분의 시간을 내 아침저녁으로 일기를 써야 한다는 것이다.

그때 우리는 행복이라는 마약과 가장 가까워진다.

과학자들은 물론 이슬람 지하드, 무신론자들도 모두 이에 동의한다.

하루하루를
더 특별하게 만들기

어떻게 하면 더 좋은 하루를 보낼 수 있을까?

원하던 브랜드의 자동차를 새로 샀을 때 어디를 가든지 그 차만 눈에 들어오는 경험을 한 적 있는가? 당신이 여성이라면, 분홍색 립스틱을 발랐을 때 그것과 똑같은 색의 립스틱을 바른 여성들을 자동으로 의식했던 경험이 있는가? 사랑에 빠졌을 때 모든 것이 장밋빛으로 보인 적이 있는가? 자신과 똑같은 신발, 헤어스타일, 셔츠를 저절로 알아차리게 되는 경험을 해보았는가?

이는 모두에게 보편적인 경험이다. 왜 이런 일이 일어날까?

뇌의 뒷부분에는 망상활성체Reticular Activation System라는 작은 영역이 있다. 망상활성체는 생각과 개념에 대한 인식을 껐다 켰다 하면서 당신이 세상을 보는 관점을 결정한다. 새 차 구입과 같은 행동은 당신의 소유물을 새롭게 정의하는 중요한 변화이므로 RAS가 당신의 새로운 소유에 맞춰 변화한다. 따라서 RAS는 어디를 가든 똑같은 차가 보일 때마다 당신에게 이를 지적하며 그 변화에 대해 부드럽게 일러준다.

"어떻게 하면 더 좋은 하루를 보낼 수 있을까?"라는 질문은 당신의 RAS에 영향을 끼쳐 더 특별한 하루로 만드는 활동을 알려주고 여기에 참여하도록 이끈다. 매일 행복감을 개선해주는 것들을 '볼 수' 있도록 뇌에 새로운 경로가 만들어진다.

당신의 행복을 개선시켜주는 방법을 자연스럽게 배우는 새 프로그램이 머릿속에 만들어지는 것이다. 따라서 꾸준히 이 질문을 떠올리고 답을 만들어내면 꾸준히 더 좋은 하루가 주어진다. 간단하지만 강력한 인생 지혜다.

최근의 한 연구결과에 따르면, 우리가 정말 보고 싶은 영화를 영화관에 가서 관람하는 상상을 하면 행복 호르몬인 엔도르핀 수치가 27퍼센트 높아진다고 한다. 이는 어떤 활동이든 간에, 인간의 행복에 중요한 영향을 미치는 건 '기대 심리'임을 잘 보여준다.

이를 더 구체적으로 설명하기 위해 케이티Katie를 소개해보자.

뜨거운 열정의 소유자인 20대 여성 케이티는 '어떻게 하면 더 좋은 하루를 보낼 수 있을까?'라는 질문을 아침 일기를 쓸 때 가장 좋아한다. 더 특별한 하루를 만들어줄 수 있는 실질적인 아이디어를 모아볼 수 있기 때문이다. 그녀는 아침에 눈을 뜨자마자 몇 분 동안 생각에 집중해 답을 찾는다.

그녀의 특별한 하루는 다음과 같은 모습이다.

어떻게 하면 더 좋은 하루를 보낼 수 있을까?

1. 모르는 사람에게 미소 짓기.
2. 엄마에게 고맙다는 편지 쓰기.
3. 11시 전에는 잠자리에 들기.

케이티가 그녀 스스로 통제할 수 있는 일에 대해서만 답을 기록했다는 사실을 눈여겨 보자. 그녀는 '화창한 하루'라고 적을 수도 있었다. 하지만 날씨가 화창할지의 여부는 그녀가 정할 수 있는 일이 아니다. 핵심이 바로 이것이다. 그녀는 특별한 하루를 만들기 위해 자신이 할 수 있는 구체적인 행동에 초점을 맞춘다.

이제 당신 차례다.

어떻게 하면 오늘 하루를 더 특별한 날로 만들 수 있을까?

나를 깨우는
긍정의 한 줄

꿈꾸는 미래를 시각화하라

여기까지 읽었다면, 당신은 멋진 삶을 만드는 데 관심이 있다는 뜻이다. 분명 그렇게 될 것이다. 당신은 자신이 어떤 사람이 되고 싶은지, 어떤 미래를 만들어가고 싶은지 알고 있다.

예일 대학교의 알리 크럼Ali Crum과 엘렌 랭거Ellen Langer 박사는 7개 호텔 직원들을 대상으로 '프라이밍(priming, 뇌 속에 정보를 심어놓고 언제든 회상 가능하도록 하는 것)'이 실제 삶에 미치는 영향에 대해 연구했다. 참가자의 절반은 그들이 매일 하는 호텔 업무가 어떤 운동 효과를 불러오는지, 예를 들어 객실 청소를 하면 칼로리가 얼마나 연소되는지 등의 정보들을 받았다. 그리고 나머지 절반은 그런 정보를 입수하지 못했다.

몇 주 후 연구팀은 일을 운동으로 생각하도록 프라이밍 된 첫 번째 집단이 실제로 체중 감량을 이뤄냈다는 사실을 발견했다. 놀랍게도 그들은 비교를 위한 두 번째 집단(호텔 업무가 운동과 어떤 상관관계가 있는지에 대해 프라이밍 되지 못한 동료들)보다 업무를 더 많이 한 것도 아니었다.

그렇다면 중요한 질문은 이것이다. 이 사실을 적극 활용하기 위해 어떻게 뇌를 프라이밍할 수 있을까?

답은 '확언affirmation'에 있다. 확언, 즉 확신의 말은 당신이 원하는 모습으로 당신 자신을 정의하는 일종의 '자기긍정'이라고 할 수 있다. 매일 나 자신을 환기시키고 새롭게 다짐시키는 긍정의 한 줄을 생각하라. 그러면 그 문장을 떠올릴 때마다 뇌가 그것을 현실로 만들도록 프라이밍할 수 있다. 꾸준히 연습하면 정말로 안에서부터 그 변화가 일어나기 시작할 것이다.

실제로 어떻게 작용하는지 한번 살펴보자.

내성적인 청년 브루스Bruce는 일상생활에서 무엇보다 자신감을 키우고 싶어 한다. 그는 아침에 일어나 이 책을 펼쳐 다음과 같이 기록할 수 있다.

나를 위한 긍정의 한 줄은?

<u>나는 오늘 그 누구보다 자신감에 넘치고 평화로운 사람이다.</u>

아침에 일어나자마자 이 같은 자기긍정문을 시각화하면 그날 내내 이 관점에서 세상을 바라보게 된다. 그날 브루스가 홍차를 구입하면서 매장 직원에게 여유롭고 유쾌한 미소를 짓는다고 생각해보자. 그건 그가 아침에 일기장에 적은 '자신감에 넘치는 사람, 평화를 느끼는 사람'이라는 문장을 잠재의식에 떠올렸기 때문이다. 매일 아침마다 이 주문을 뇌에 프라이밍한 결과다.

뇌 프라이밍의 연습 효과를 절대 과소평가하면 안 된다. 세계적인 배우 윌 스미스Will Smith와 짐 캐리Jim Carrey, 아널드 슈워제네거Arnold Schwarzenegger는 영화를 촬영할 때 이 방법을 통해 극적인 효과를 보았다고 고백한다. 그러니 당신도 강력한 효과를 누리게 될 것이다.

<u>나는 열정과 목적이 이끄는 삶을 살고 있다.</u>

아침에 이러한 문장을 떠올릴 수도 있지만, 좀 더 '구체적인' 주문을 시각화하기 바란다. 그러면 효과가 더 커진다. 예를 들면 이렇다.

<u>나는 사랑과 열정이 가득한 관계를 맺고 있다.</u>
<u>1년 후 내 연봉은 1억이다.</u>

명심하라. 매일 긍정의 한 줄을 자신에게 주는 강력한 주문으로 만들어라. 그리고 반복하라. 그러면 그것들은 당신 삶에 깊숙이 들어와 가치 있는 결과들을 창출해낼 것이다.

"자신에게 계속 강력한
말을 던지면, 그것은 믿음이 된다.
그 믿음이 깊은 확신으로 바뀌면
마침내 현실이 된다."

_무하마드 알리

*It's the repetition
of affirmations that leads to belief.
And once that belief becomes
a deep conviction,
things begin to happen.*

하루를 마무리하는 탁월한 질문들

감탄이 날 만큼
놀라운 일 3가지

오늘 일어난 멋진 일 3가지는?

하루 중 최고의 순간은 그날 있었던 '끝내주는 일들'을 떠올릴 때다. 당신이 하루 동안 겪은 예상했거나 예상하지 못했던 멋진 일 3가지를 저녁 일기에 담으면 삶은 몰라보게 달라진다.

이 방법의 효과를 보여주기 위해 'Quora.com'을 인용해보고자 한다.

이 웹사이트는 전 세계 스마트한 사람들이 자신의 통찰과 답변, 지식을 나누는 소셜 네트워크 플랫폼이다. 최근에 소셜 마케터로 일하는 브래드 아이나르센Brad Einarsen은 행복에 관한 질문에 매우 강렬한 답변을 단 적이 있다. 그의 답변은 BJ 포그BJ Fogg 같은 훌륭한 심리학자들까지 지지하는 지혜로운 해법이었다.

그는 이렇게 말했다.

> "인생의 어두운 시기에 놓여 있었을 때 실천한 간단한 법칙이 제 인생을 바꿨습니다.

> 법칙: 일하고 집에 돌아오면 가장 먼저 아내에게 그날 있었던, 가장 좋았던 일에 대해 이야기합니다. 예외도 없고 불평도 없습니다. 그냥 그날 가장 좋았던 일에 대해 말하면 됩니다. 설령 그것이 맛있는 커피 한 잔에 불과한 것이라 해도요. 이처럼 좋았던 경험을 공유하면 저녁 시간을 긍정적인 분위기로 시작할 수 있었어요. 그게 우리 부부의 관계를 완전히 변화시켰습니다."
> _브래드 아이나르센

브래드의 이 말은 당신의 관계도 얼마든지 바뀔 수 있다는 사실을 강력하게 암시한다. '멋진 일 3가지'에 대해 쓰는 것은 그날의 축복에 대해 거꾸로 헤아려보는 것이다. 이렇게 당신의 뇌를 거꾸로 '프라이밍' 하면 사랑하는 사람과의 관계뿐 아니라 자기 자신과의 관계에서도 긍정적인 변화를 시작할 수 있다.

멋진 일 3가지를 쓸 때 처음 몇 주 동안은 단순한 것부터 시작한다.

오늘 일어난 멋진 일 3가지는?

1. 친구가 좋은 책을 추천해주었다.
2. 공원에서 느긋한 산책을 즐겼다.
3. 자주 가는 커피숍의 바리스타가 내 커피 취향을 기억해주었다.

거창한 것이 아니라 작고 소박한 것들에서 시작해 점점 연습해나가다 보면 어느 순간 삶이 뚜렷하게 달라졌음을 발견하게 된다. 가장 중요한 미덕은 '꾸준함'이다. 꾸준함은 삶을 더 낫게 만드는 유일한 처방임을 명심하라.

매일 끝내주는 일들을 찾아내고, 매달 끝내주는 일의 목록을 읽어보라.

당신이 변하고 있으며 앞을 향하고 있다는 사실을 생생히 깨닫게 될 것이다.

후회 없는 날을
만드는 지혜

시간을 되돌려 오늘 한 일을
바꿀 수 있다면 무엇을 바꾸겠는가?

영화 〈백 투 더 퓨처〉나 〈이터널 선샤인〉에서 볼 수 있듯이, 과거로 돌아가 뭔가를 바꾸고 싶은 마음은 누구에게나 있다.

이 사실을 지혜롭게 활용해보자. 시간을 되돌려 오늘 한 일 중에서 한 가지를 바꿀 수 있다고 상상해보는 연습법이 바로 그것이다. 당신은 무엇을 바꾸고 싶은가?

- 누군가에게 한 말(혹은 하지 않은 말)일 수도 있다.
- 아침에 좀 더 일찍 일어나지 않은 것일 수도 있다.
- 어떤 결정에 대해 자신의 직감을 믿지 않은 것일 수도 있다.

이 연습법의 목적은 과거에 대한 인식을 바꿔 미래에 영향을 끼칠 수 있는 힘이 자신에게 있다는 사실을 일깨워주기 위함이다. 최고의 운동선수들, 나사의 우주비행사들처럼 당신도 이 연습법을 통해 자신의 미래를 만들어나갈 수 있다. 어떤 기술을 이용해야 하냐고? 그것은 당신의 머릿속에 자리한다.

작동 원리: 인식이 현실을 만든다. 아침의 시작과 함께 뇌가 자동으로 긍정적인 요소를 훑어보도록 '프라이밍'시키는 것이 하루를 시작하는 매우 효과적인 방법이라는 사실은 이미 살펴보았다. 하지만 낮 동안에는 평소의 자동 반응으로 돌아갈 가능성이 높다. 교통체증이나 느린 인터넷으로 인한 짜증은

누구나 느끼는 문제다. 이 방법으로 그 문제를 해결할 수 있다. "무엇을 했더라면 오늘 하루가 더 만족스러웠을까?"를 생각해보면 오늘 할 수 있었던 행동에 대한 인식이 업데이트된다. 오늘 하루를 더 좋게 만들 수 있었던, 실천 가능한 행동들이 보이기 시작한다.

로빈Robin은 카페에서 우연히 멋진 남자와 마주쳤다. 심장이 두근거리기 시작했지만 차마 말을 걸 용기는 없다. 그녀는 그에게 다가가 말을 걸지 않은 사실을 나중에 후회할지도 모른다. 하지만 전혀 희망이 없는 것은 아니다. 그녀는 그날 밤 다음의 질문에 답하면서 시간을 되돌려 용기를 내 말을 걸었으면 더 근사한 하루가 되었을 것이라는 사실을 깨닫는다.

그녀는 이렇게 적는다.

무엇을 했더라면 오늘 하루가 더 만족스러웠을까?
카페에서 처음 본 그에게 다가가 말을 걸었더라면.

이 같은 답을 쌓아가면서 로빈은 문제를 정면으로 바라보고, 그 문제의 해결을 위해 자신이 취할 수 있는 행동 패턴을 축적할 수 있다. 시간이 흐를수록 이 연습법은 문제를 바라보는 관점을 바꿔 자신이 취하고자 하는 행동을 자동으로 습득할 수 있도록 해준다.

다음은 '무엇을 했더라면 오늘 하루가 더 만족스러웠을까?'에 대한 예시 답변이다.

오늘 아침에 침대 시트를 정리했더라면.
엄마에게 전화를 걸어 어떻게 지내는지 여쭸더라면.

대부분의 사람들은 이 같은 답을 작성하면서 잔잔한 미소를 짓게 될 것이다. 미소를 짓는 동안 삶은 의미 있는 변화를 준비한다.

주간 도전 과제

주간 도전 과제weekly challenge는 안전지대를 넘어
행동을 취하는 용기를 냄으로써 진정한 성장이 이루어지도록 해준다.
매일이 아니라 매주 불특정한 날에 주어지는 도전이다.

> 사람을 판단하는 궁극적인 척도는
> 그가 안락하고 편안한 시기에 있을 때가 아니다.
> 도전과 논란의 시기에 서 있을 때다.
> _마틴 루터 킹 주니어

수천 년 전, 우리의 조상들은 매우 위험하고도 다양한 도전에 직면했다. 기본 생존을 위해 영하의 날씨에서 따뜻함을 유지하는 것부터 다른 부족 및 동물들과 싸우는 것에 이르기까지. 그들은 자연의 테스트를 통해 놀라운 적응력을 갖추도록 만들어진 구석기 시대의 남녀였고 온갖 고난은 물론 전쟁이나 기근, 빙하시대에도 살아남아 계속 발전해왔다. 이 같은 진보적인 역사에 힘입어 오늘날 우리는 더 깊고 넓은 번영을 추구할 수 있게 되었다.

주간 도전 과제의 설정은 나 자신의 두려움을 찾아내 그것을 성장의 조력자로 대하는 방법을 알려준다. 모든 도전을 인생의 미션과 실험으로 생각하라. 그러면 오히려 그것을 즐기게 될 것이다.

나의 약속

나, ___클로이 무어___ 는 《하루 5분 아침 일기》를 _____5월_____ 부터 시작해 최소한 5일 연속 기록할 것을 약속한다.

아침 일기가 나에게 중요한 이유는:

　최선의 삶을 살기 위해 노력하고 있기 때문이다.

　더 풍요로운 삶을 만들고 싶기 때문이다.

　더 규율 잡힌 삶이 필요하기 때문이다.

아침 일기를 5일 동안 쓰는 데 성공한다면 다음을 보상으로 주겠다:

　사랑하는 사람과의 스키 여행.

아침 일기를 5일 연속 쓰지 않는다면:

　나는 자선단체에 100달러를 기부하겠다.

나는 《하루 5분 아침 일기》를 매일 쓸 수 있도록 다음을 하겠다:

　이 책을 언제나 침대 바로 옆에 두겠다.

　이 책을 쓴 후에 비로소 양치질을 하겠다.

　밤에 이 책을 쓴 후에야 기상 알람을 맞추겠다.

　사랑하는 사람에게 이 책을 끝까지 쓰겠노라 맹세하겠다.

　아침 일기를 쓴 후 내 자신에게 따끈하고 맛있는 코코아를 주겠다.

당신도 직접 다음의 빈 칸을 채우기 바란다.

나, _____는 《하루 5분 아침 일기》를 _____ 부터 시작해 최소한 5일 연속 기록할 것을 약속한다.

아침 일기가 나에게 중요한 이유는:
_____
_____
_____

아침 일기를 5일 연속 쓰는 데 성공한다면 다음을 보상으로 주겠다:
_____

아침 일기를 5일 연속 쓰지 않는다면:
_____

나는 《하루 5분 아침 일기》를 매일 쓸 수 있도록 다음을 하겠다:
_____
_____
_____
_____
_____

꾸준함을 위한 해결책

꼭 필요한 것은 개선이 아니라 변화다.
_작자 미상

축하한다! 당신은 아침 일기를 5일 연속 쓰기로 한 약속을 막 완성했다. 잘 알려진 것처럼 저항을 밀어내고 어떤 행동을 특정한 기간 동안 연속으로 반복하면 '습관'이 된다. 여기에서는 앞으로 아침 일기 쓰는 습관을 계속 지켜나가게 해주는 유익한 방법을 소개해보고자 한다.

나쁜 소식: 2010년에 발표된 연구결과에 따르면, 새해 다짐을 성공적으로 실천하지 못하는 사람이 전체의 88퍼센트에 이른다.
좋은 소식: 당신은 더 나은 사람이다. 이미 올바른 길에 놓이도록 해주는 여러 단계를 취했다.
더 좋은 소식: 당신이 직접 작성한 '나의 약속'을 지켜나갈 수 있는 다양한 팁과 방법이 앞으로 계속 소개된다.

진실과 행동

**오늘 당신이 3년 전보다
더 나은 사람이라는 사실을 어떻게 알 수 있는가?**

당연히 기록을 하지 않으면 알 수 없다. 10대보다 40대가 더 명쾌하고 성숙하고 똑똑하고 지혜롭다는 생각은 보편적인 진리에 가깝다. 무지한 20대는 80대에도 무지할 가능성이 높다. 반대로 늘 지혜를 추구하는 똑똑한 10대라면 그 누구보다 지혜로운 60대가 될 것이다. 그 차이가 무엇인지 계속 읽어보길 바란다.

두려운 진실 #1

**획기적인 개선(또는 퇴보)으로 이어지는 행동은
지극히 소수에 불과하다.**

채용박람회가 당신에게 꿈같은 일자리를 구해줄 수 있다. 운동에 전념하는 새 친구에게 자극을 받아 꾸준히 운동을 해 평생 최고로 좋은 몸매를 가질 수 있다. 아침을 제대로 시작하면 그 어느 때보다 생산적인 하루가 계속될 수 있다. 당신이 펼쳐 읽고 있는 이 책의 목적이 바로 그것이다.

하지만 모든 변화가 긍정적인 것은 아니다. 면접날의 상상도 못한 교통체증이 꿈같은 직장에 취직할 수 있는 기회를 날려버린다. 화가 난 가족이 밤새 잠도 못 자게 하면서 당신이 무슨 말과 행동을 했어야 하는지 들들 볶는 악몽 같은 시간이 되풀이될 수도 있다.

다행히 우주에는 혼란만 있는 것이 아니다. 세상에는 날카로운 눈을 가진 사람들에게 발견되기를 기다리는 좋은 패턴과 지침, 자연의 리듬이 존재한다. 그것을 발견하면 자유로워진다.

두려운 진실 #2

**앞으로 나아가지 않으면 뒤로 물러설 수밖에 없다.
삶은 가만히 서 있기가 불가능하다.**

체계적으로 하루를 추적하고 완벽한 분석을 실시함으로써 효과적인 활동뿐 아니라 그렇지 못한 활동까지 찾아낼 수 있어야 한다. 당신의 평상시 활동은 들판에서 아무 생각 없이 풀을 뜯는 소의 무의식과 별반 다르지 않다. 당신의 행동을 하나로 엮어주는 명확한 목적이나 등대 같은 길잡이가 없는 상태인 것이다. 삶의 명확한 목적, 등대처럼 빛나는 길잡이와 지혜는

늘 잠재의식에 스며든다. 인생의 가장 큰 교훈을 한 줄로 표현하면 이렇다.

'반성reflection을 통해 성장하라.'

자유로운 진실 #3

**올바른 행동이 곧
가장 탁월한 문제 해결 방법이다.**

가장 좋아하는 음료나 차 한 잔을 들고 자리에 앉는다. 그리고 다음 질문에 대해 천천히 생각해본다.

당신에게 가장 큰 도전은 무엇인가?

인간관계 개선하기, 자신에게서 편안해지기, 돈 많이 벌기 등 다양할 수 있다. 어쨌든 그것은 당신의 머릿속에 계속 머물러 있는 생각이다. 생각을 현실로 바꾸는 방법은 간단하다. 생각을 종이에 옮겨보는 것이다.

당신의 모든 것을 바꿔줄 정체성 선언은 무엇인가?

당신의 도전 과제를 해결해줄 '정체성 선언'을 만든다. 모든 도전에는 해결책이 존재한다. 이 선언을 일기 쓰기에 적극 활용하라. 선언이 사실fact이 될 때까지, 그 선언을 읽고 머릿속에 새기고 다음으로 넘어간다.

정체성 선언의 예를 들자면 다음과 같다.

나는 깊은 사랑을 주는 동시에 또한 받고 있다.

내 몸은 건강하고 날씬하다.

나는 열정적이고 적극적인 태도로 하루를 보낸다.

나는 내가 원하는 방식의 삶을 살고 있다.

자, 이제 당신의 정체성에 대해 직접 써보도록 하라:

_____
_____
_____
_____

(아침 또는 밤에) 당신이 일기를 쓰지 못하도록 막는 가장 큰 장애물은 무엇인가?

1. _____
2. _____
3. _____

게으름에 빠지지 않도록 각 장애물마다 취할 수 있는 행동을 적는다.

1. _____
_____
2. _____
_____
3. _____
_____

> 성장의 열쇠는
> 약속하는 법을 배우고,
> 그 약속을 지키는 것이다.

_스티븐 코비

The key to growth is to learn to make promises and to keep them.

책임을 다하기 위하여

이 책을 계속 쓸 수 있도록 만들어주는 다음의 방법들 중 하나를 선택하면 더욱 효과적이다.

당신이 일기를 계속 쓰도록 도와주는 특별한 이메일 전송 서비스가 있다. www.journalhabit.com에 가입하면 큰 도움을 얻게 될 것이다.

- 친구 또는 배우자나 애인에게 문자 메시지로 매일 일기를 썼는지 확인받는다. 말하자면 AA 스폰서(알코올 중독 회복 프로그램에서 이미 성공한 사람이 다른 사람을 도와주는 것)인 셈이다. 혹시 이 책을 누군가에게 선물을 받았다면, 그에게 확인을 받아도 효과적이다.

- 펜과 종이가 더 편한 사람이라면 매일 아침 일기를 쓴 후에 달력에서 지워 나간다. 시각적인 요소만큼 책임감에 도움되는 것은 없다.

- www.coach.me나 www.stickk.com 같은 앱도 도움이 될 수 있다. 포기하지 않고 꾸준히 일기를 쓸 수 있도록 당신만의 방법을 선택한다. 그리고 즉시 시작하자!

하루 5분, 일기 쓰기의 예

다음 페이지의 예를 잘 살펴본 다음 이제 당신의 일기를 시작하라. 아침에 눈을 떠 당신이 답을 써야 할 질문은 다음 3가지다.

'지금 이 순간, 감사하고 싶은 일은?'
'어떻게 하면 더 좋은 하루를 보낼 수 있을까?'
'나를 위한 긍정의 한 줄은?'

잠자리에 들기 전 하루를 마무리하는 데 지혜를 제공할 질문은 다음 두 가지다.

'오늘 일어난 멋진 일 3가지는?'
'무엇을 했더라면 오늘 하루가 더 만족스러웠을까?'

명심하라. 최신 연구결과에 따르면, 높은 성과를 내는 사람들의 80퍼센트 이상은 아침에 일기를 쓴다. 최소한 일주일에 사흘은 쓴다. 여기에 저녁 일기 쓰기까지 더할 수 있다면, 당신은 분명 탁월한 성공을 거두는 하루하루를 살게 될 것이다.

DATE 2017 / 05 / 07

왜 살아야 하는지 인생의 의미를 알고 있는 사람은
어떻게 해서든지 살아갈 수 있다.

니체

지금 이 순간, 감사하고 싶은 일은?

1. 따뜻한 침대에서 깊은 숙면을 취한 것.
2. 일하기에 완벽한 컨디션을 보여주고 있는 내 몸.
3. 세상에 둘도 없는 베스트 프렌드가 곁에 있음에.

어떻게 하면 더 좋은 하루를 보낼 수 있을까?

1. 정시에 퇴근해 여유롭게 영화 한 편 보기.
2. 엄마에게 전화를 걸어 안부 전하기.
3. 11시 전에 잠자리에 들기.

나를 위한 긍정의 한 줄은?

나는 그 누구보다 자신감에 넘친다. 그래서 오늘도 나는

사람들에게 따뜻한 미소와 말을 선물할 것이다.

오늘 일어난 멋진 일 3가지는?

1. 사흘 연속 600칼로리를 소모하는 걷기에 성공!
2. 친구가 송년회에 가장 어울리는 옷을 추천해줌.
3. 아무 일도 일어나지 않아서 평온한 하루였다.

무엇을 했더라면 오늘 하루가 더 만족스러웠을까?

알람이 울렸을 때 즉시 일어났더라면 좋았을 것이다.

출근길 지하철에서 《데미안》을 다 읽었더라면!

나의 일기

모든 사람이 세상을 변화시키는 것에 대해 생각한다.
하지만 누구도 자기 자신을 변화시키는 것에
대해서는 생각하지 않는다.
_레프 톨스토이

기억하는가?

당신은 늘 준비되어 있었다는 사실을?

시작하라, 멋진 변화와 성장이 이끄는 삶을.

6개월 후,

당신의 모든 것이 달라져 있을 것이다.

DATE _____ / ____ / ____

그리고 갑자기 당신은 깨닫는다. 지금이야말로 뭔가를 새롭게 시작하면서 '처음'의 마법을 믿어야 할 때라는 것을.

마이스터 에크하르트

지금 이 순간, 감사하고 싶은 일은?

1. _____
2. _____
3. _____

어떻게 하면 더 좋은 하루를 보낼 수 있을까?

1. _____
2. _____
3. _____

나를 위한 긍정의 한 줄은?

오늘 일어난 멋진 일 3가지는?

1. _____
2. _____
3. _____

무엇을 했더라면 오늘 하루가 더 만족스러웠을까?

DATE _____ / _____ / _____

감사를 표하는 진정한 방법은 단지 말로 표현할 뿐 아니라
항상 가슴에 품고 살아가는 것임을 잊지 마십시오.

존 F. 케네디

지금 이 순간, 감사하고 싶은 일은?

1. _____
2. _____
3. _____

어떻게 하면 더 좋은 하루를 보낼 수 있을까?

1. _____
2. _____
3. _____

나를 위한 긍정의 한 줄은?

_____
_____

오늘 일어난 멋진 일 3가지는?

1. _____
2. _____
3. _____

무엇을 했더라면 오늘 하루가 더 만족스러웠을까?

_____
_____

DATE _____ / ____ / ____

주간 도전 과제
반드시 한 번은 만나야 할 옛 친구는 누구인가?
이번 주 내로 연락하라.

지금 이 순간, 감사하고 싶은 일은?

1. _____
2. _____
3. _____

어떻게 하면 더 좋은 하루를 보낼 수 있을까?

1. _____
2. _____
3. _____

나를 위한 긍정의 한 줄은?

_____
_____

오늘 일어난 멋진 일 3가지는?

1. _____
2. _____
3. _____

무엇을 했더라면 오늘 하루가 더 만족스러웠을까?

_____
_____

DATE _____ / ____ / ____

연금술사는 이렇게 말했다.
"배움에는 행동을 통해 배우는, 단 한 가지 방법이 있을 뿐이라네."
파울로 코엘료

지금 이 순간, 감사하고 싶은 일은?

1. _____
2. _____
3. _____

어떻게 하면 더 좋은 하루를 보낼 수 있을까?

1. _____
2. _____
3. _____

나를 위한 긍정의 한 줄은?

_____
_____

오늘 일어난 멋진 일 3가지는?

1. _____
2. _____
3. _____

무엇을 했더라면 오늘 하루가 더 만족스러웠을까?

_____
_____

DATE _____ / ____ / ____

오늘은 아름다운 날이에요. 내 생애 한 번도 보지 못했던.
마야 안젤루

지금 이 순간, 감사하고 싶은 일은?

1. _____
2. _____
3. _____

어떻게 하면 더 좋은 하루를 보낼 수 있을까?

1. _____
2. _____
3. _____

나를 위한 긍정의 한 줄은?

_____
_____

오늘 일어난 멋진 일 3가지는?

1. _____
2. _____
3. _____

무엇을 했더라면 오늘 하루가 더 만족스러웠을까?

_____
_____

DATE _____ / _____ / _____

사랑하는 사람을 얻는 것이 최선이지만,
사랑에 실패했더라도 그것 또한 차선이다.
윌리엄 메이크피스 새커리

지금 이 순간, 감사하고 싶은 일은?

1. _____
2. _____
3. _____

어떻게 하면 더 좋은 하루를 보낼 수 있을까?

1. _____
2. _____
3. _____

나를 위한 긍정의 한 줄은?

_____
_____

오늘 일어난 멋진 일 3가지는?

1. _____
2. _____
3. _____

무엇을 했더라면 오늘 하루가 더 만족스러웠을까?

_____
_____

DATE _____ / ____ / ____

감사와 예의를 갖추는 것,
그것은 도전 과제가 아니라 선택의 문제다
로버트 브래스

지금 이 순간, 감사하고 싶은 일은?

1. _____
2. _____
3. _____

어떻게 하면 더 좋은 하루를 보낼 수 있을까?

1. _____
2. _____
3. _____

나를 위한 긍정의 한 줄은?

_____
_____

오늘 일어난 멋진 일 3가지는?

1. _____
2. _____
3. _____

무엇을 했더라면 오늘 하루가 더 만족스러웠을까?

_____
_____

DATE _____ / _____ / _____

주간 도전 과제
내가 좋아하는 작가의 신간이 나왔는지 확인하라.
이번 주에는 꼭 서점에 들러라.

지금 이 순간, 감사하고 싶은 일은?

1. _____
2. _____
3. _____

어떻게 하면 더 좋은 하루를 보낼 수 있을까?

1. _____
2. _____
3. _____

나를 위한 긍정의 한 줄은?

_____
_____

오늘 일어난 멋진 일 3가지는?

1. _____
2. _____
3. _____

무엇을 했더라면 오늘 하루가 더 만족스러웠을까?

_____
_____

DATE _____ / ____ / ____

사람들에게 잠재된 최고의 가능성을 끌어내는 방법은
격려와 칭찬이다.
찰스 슈왑

지금 이 순간, 감사하고 싶은 일은?

1. _____
2. _____
3. _____

어떻게 하면 더 좋은 하루를 보낼 수 있을까?

1. _____
2. _____
3. _____

나를 위한 긍정의 한 줄은?

_____
_____

오늘 일어난 멋진 일 3가지는?

1. _____
2. _____
3. _____

무엇을 했더라면 오늘 하루가 더 만족스러웠을까?

_____
_____

DATE _____ / _____ / _____

이 세상에 당신은 한 사람일지 모르지만,
어떤 한 사람에게 당신은 그의 전부다.
브랜든 스나이더

지금 이 순간, 감사하고 싶은 일은?

1. _____
2. _____
3. _____

어떻게 하면 더 좋은 하루를 보낼 수 있을까?

1. _____
2. _____
3. _____

나를 위한 긍정의 한 줄은?

_____
_____

오늘 일어난 멋진 일 3가지는?

1. _____
2. _____
3. _____

무엇을 했더라면 오늘 하루가 더 만족스러웠을까?

_____
_____

DATE _____ / ____ / ____

격정은 흔들의자다.
당신에게 일을 안겨줄지는 몰라도, 당신을 어디로도 데려가지 못할 것이다.

밴스 해브너

지금 이 순간, 감사하고 싶은 일은?

1. _____
2. _____
3. _____

어떻게 하면 더 좋은 하루를 보낼 수 있을까?

1. _____
2. _____
3. _____

나를 위한 긍정의 한 줄은?

_____
_____

오늘 일어난 멋진 일 3가지는?

1. _____
2. _____
3. _____

무엇을 했더라면 오늘 하루가 더 만족스러웠을까?

_____
_____

DATE _____ / ____ / ____

인생은 우리의 용기에 따라 그 용량이 줄어들거나 늘어난다.
아나이스 닌

지금 이 순간, 감사하고 싶은 일은?

1. _____
2. _____
3. _____

어떻게 하면 더 좋은 하루를 보낼 수 있을까?

1. _____
2. _____
3. _____

나를 위한 긍정의 한 줄은?

_____
_____

오늘 일어난 멋진 일 3가지는?

1. _____
2. _____
3. _____

무엇을 했더라면 오늘 하루가 더 만족스러웠을까?

_____
_____

DATE _____ / ____ / ____

인생은 자전거 타기다.
균형을 잡으려면 움직여야 한다.
앨버트 아인슈타인

지금 이 순간, 감사하고 싶은 일은?

1. _____
2. _____
3. _____

어떻게 하면 더 좋은 하루를 보낼 수 있을까?

1. _____
2. _____
3. _____

나를 위한 긍정의 한 줄은?

_____
_____

오늘 일어난 멋진 일 3가지는?

1. _____
2. _____
3. _____

무엇을 했더라면 오늘 하루가 더 만족스러웠을까?

_____
_____

DATE _____ / ____ / ____

누군가를 미워하고 있다면,
그 사람의 모습 속에 비치는 나 자신의 일부분을 미워하는 것이다.
헤르만 헤세

지금 이 순간, 감사하고 싶은 일은?

1. _____
2. _____
3. _____

어떻게 하면 더 좋은 하루를 보낼 수 있을까?

1. _____
2. _____
3. _____

나를 위한 긍정의 한 줄은?

_____
_____

오늘 일어난 멋진 일 3가지는?

1. _____
2. _____
3. _____

무엇을 했더라면 오늘 하루가 더 만족스러웠을까?

_____
_____

DATE _____ / ____ / ____

주간 도전 과제
지금 즉시 1분 동안 마음껏 춤을 추라.

지금 이 순간, 감사하고 싶은 일은?

1. _____
2. _____
3. _____

어떻게 하면 더 좋은 하루를 보낼 수 있을까?

1. _____
2. _____
3. _____

나를 위한 긍정의 한 줄은?

_____
_____

오늘 일어난 멋진 일 3가지는?

1. _____
2. _____
3. _____

무엇을 했더라면 오늘 하루가 더 만족스러웠을까?

_____
_____

DATE _____ / ____ / ____

상황을 막론하고 가장 탁월한 방책은 연민과 사랑이다.
닐 스트라우스

지금 이 순간, 감사하고 싶은 일은?

1. _____
2. _____
3. _____

어떻게 하면 더 좋은 하루를 보낼 수 있을까?

1. _____
2. _____
3. _____

나를 위한 긍정의 한 줄은?

_____
_____

오늘 일어난 멋진 일 3가지는?

1. _____
2. _____
3. _____

무엇을 했더라면 오늘 하루가 더 만족스러웠을까?

_____
_____

DATE _____ / ____ / ____

죽음의 순간에, 사람들은 못다 한 일이나 인생계획표에 적혀진
아이템에 대해 생각하지 않는다. 오직 사랑과 가족에 대해 생각한다.
릭 루빈

지금 이 순간, 감사하고 싶은 일은?

1. _____
2. _____
3. _____

어떻게 하면 더 좋은 하루를 보낼 수 있을까?

1. _____
2. _____
3. _____

나를 위한 긍정의 한 줄은?

_____
_____

오늘 일어난 멋진 일 3가지는?

1. _____
2. _____
3. _____

무엇을 했더라면 오늘 하루가 더 만족스러웠을까?

_____
_____

DATE _____ / ____ / ____

가장 위대한 감정은 사랑이다. 가장 값진 재능은 배우려는 능력이다.
그러므로, 사랑을 배워라.
UJ 람다스

지금 이 순간, 감사하고 싶은 일은?

1. _____
2. _____
3. _____

어떻게 하면 더 좋은 하루를 보낼 수 있을까?

1. _____
2. _____
3. _____

나를 위한 긍정의 한 줄은?

_____
_____

오늘 일어난 멋진 일 3가지는?

1. _____
2. _____
3. _____

무엇을 했더라면 오늘 하루가 더 만족스러웠을까?

_____
_____

DATE _____ / ____ / ____

왜 사는지를 아는 자는 어떤 비극도 견딜 수 있다.
빅터 프랭클

지금 이 순간, 감사하고 싶은 일은?

1. _____
2. _____
3. _____

어떻게 하면 더 좋은 하루를 보낼 수 있을까?

1. _____
2. _____
3. _____

나를 위한 긍정의 한 줄은?

_____
_____

오늘 일어난 멋진 일 3가지는?

1. _____
2. _____
3. _____

무엇을 했더라면 오늘 하루가 더 만족스러웠을까?

_____
_____

DATE _____ / ____ / ____

> 우리에게 가장 큰 성취감을 주는 일은 대부분
> 어릴 적 놀이의 재창조이거나 연장이다.
> **스튜어트 브라운**

지금 이 순간, 감사하고 싶은 일은?

1. _____
2. _____
3. _____

어떻게 하면 더 좋은 하루를 보낼 수 있을까?

1. _____
2. _____
3. _____

나를 위한 긍정의 한 줄은?

_____
_____

오늘 일어난 멋진 일 3가지는?

1. _____
2. _____
3. _____

무엇을 했더라면 오늘 하루가 더 만족스러웠을까?

_____
_____

DATE _____ / ____ / ____

주간 도전 과제
가장 사랑하는 사람은 누구인가?
그에게 마음을 담은 편지나 글을 남겨보라.

지금 이 순간, 감사하고 싶은 일은?

1. _____
2. _____
3. _____

어떻게 하면 더 좋은 하루를 보낼 수 있을까?

1. _____
2. _____
3. _____

나를 위한 긍정의 한 줄은?

_____
_____

오늘 일어난 멋진 일 3가지는?

1. _____
2. _____
3. _____

무엇을 했더라면 오늘 하루가 더 만족스러웠을까?

_____
_____

DATE _____ / _____ / _____

진정한 카리스마는 충성심을 끌어내는 데 있지 않다. 매 순간 당신이
타인과의 관계에서 얼마나 충성스러운 모습을 보이는지에 달려 있다.
올리비아 폭스 카반

지금 이 순간, 감사하고 싶은 일은?

1. _____
2. _____
3. _____

어떻게 하면 더 좋은 하루를 보낼 수 있을까?

1. _____
2. _____
3. _____

나를 위한 긍정의 한 줄은?

_____
_____

오늘 일어난 멋진 일 3가지는?

1. _____
2. _____
3. _____

무엇을 했더라면 오늘 하루가 더 만족스러웠을까?

_____
_____

DATE _____ /____ /____

여가 시간을 당신이 해야 할 것 같은 일이 아니라,
당신이 하고 싶은 일을 하며 보내라.
수전 케인

지금 이 순간, 감사하고 싶은 일은?

1. _____
2. _____
3. _____

어떻게 하면 더 좋은 하루를 보낼 수 있을까?

1. _____
2. _____
3. _____

나를 위한 긍정의 한 줄은?

_____
_____

오늘 일어난 멋진 일 3가지는?

1. _____
2. _____
3. _____

무엇을 했더라면 오늘 하루가 더 만족스러웠을까?

_____
_____

DATE _____ / ____ / ____

나는 머리가 좋지 않다.
그래서 문제가 있을 때 다른 사람보다 좀 더 오래 생각한다.
앨버트 아인슈타인

지금 이 순간, 감사하고 싶은 일은?

1. _____
2. _____
3. _____

어떻게 하면 더 좋은 하루를 보낼 수 있을까?

1. _____
2. _____
3. _____

나를 위한 긍정의 한 줄은?

_____
_____

오늘 일어난 멋진 일 3가지는?

1. _____
2. _____
3. _____

무엇을 했더라면 오늘 하루가 더 만족스러웠을까?

_____
_____

DATE _____ / ____ / ____

인생의 모든 것은 점점 움직이고 변한다.
인생은 이 변화를 감싸안는 것에 관한 이야기다.
미미 이콘

지금 이 순간, 감사하고 싶은 일은?

1. _____
2. _____
3. _____

어떻게 하면 더 좋은 하루를 보낼 수 있을까?

1. _____
2. _____
3. _____

나를 위한 긍정의 한 줄은?

_____
_____

오늘 일어난 멋진 일 3가지는?

1. _____
2. _____
3. _____

무엇을 했더라면 오늘 하루가 더 만족스러웠을까?

_____
_____

DATE _____ / ____ / ____

나 자신과 친구가 될 수 있다면,
모든 사람과 친구가 될 수 있다.
세네카

지금 이 순간, 감사하고 싶은 일은?

1. _____
2. _____
3. _____

어떻게 하면 더 좋은 하루를 보낼 수 있을까?

1. _____
2. _____
3. _____

나를 위한 긍정의 한 줄은?

_____
_____

오늘 일어난 멋진 일 3가지는?

1. _____
2. _____
3. _____

무엇을 했더라면 오늘 하루가 더 만족스러웠을까?

_____
_____

DATE _____ / ____ / ____

주간 도전 과제
1만 원을 자선단체나 구호기금에 기부하라.

지금 이 순간, 감사하고 싶은 일은?

1. _____
2. _____
3. _____

어떻게 하면 더 좋은 하루를 보낼 수 있을까?

1. _____
2. _____
3. _____

나를 위한 긍정의 한 줄은?

_____
_____

오늘 일어난 멋진 일 3가지는?

1. _____
2. _____
3. _____

무엇을 했더라면 오늘 하루가 더 만족스러웠을까?

_____
_____

DATE _____ / _____ / _____

인생의 성공은 우리가 이 행성에서 얼마나 시간을 보내는지가 아니라,
주어진 시간에 얼마나 많은 에너지를 창출하는지에 달려 있다.
토니 슈워츠

지금 이 순간, 감사하고 싶은 일은?

1. _____
2. _____
3. _____

어떻게 하면 더 좋은 하루를 보낼 수 있을까?

1. _____
2. _____
3. _____

나를 위한 긍정의 한 줄은?

_____
_____

오늘 일어난 멋진 일 3가지는?

1. _____
2. _____
3. _____

무엇을 했더라면 오늘 하루가 더 만족스러웠을까?

_____
_____

DATE _____ / ____ / ____

두려움을 마주함으로써 당신은 당신 안의 두려워하는 자아를
충분히 사랑하고도 남을 위대한 사랑의 문을 연 것이다.
타라 브랙

지금 이 순간, 감사하고 싶은 일은?

1. _____
2. _____
3. _____

어떻게 하면 더 좋은 하루를 보낼 수 있을까?

1. _____
2. _____
3. _____

나를 위한 긍정의 한 줄은?

_____
_____

오늘 일어난 멋진 일 3가지는?

1. _____
2. _____
3. _____

무엇을 했더라면 오늘 하루가 더 만족스러웠을까?

_____
_____

DATE _____ / ____ / ____

우리는 대단한 일들을 할 수 없다.
오직 대단한 사랑으로 작은 일들을 할 수 있을 뿐이다.
마더 테레사

지금 이 순간, 감사하고 싶은 일은?

1. _____
2. _____
3. _____

어떻게 하면 더 좋은 하루를 보낼 수 있을까?

1. _____
2. _____
3. _____

나를 위한 긍정의 한 줄은?

_____
_____

오늘 일어난 멋진 일 3가지는?

1. _____
2. _____
3. _____

무엇을 했더라면 오늘 하루가 더 만족스러웠을까?

_____
_____

DATE ____ / ____ / ____

빛을 들이면, 어둠은 스스로를 몰아낼 것이다.
데시데리우스 에라스무스

지금 이 순간, 감사하고 싶은 일은?

1. _____
2. _____
3. _____

어떻게 하면 더 좋은 하루를 보낼 수 있을까?

1. _____
2. _____
3. _____

나를 위한 긍정의 한 줄은?

_____
_____

오늘 일어난 멋진 일 3가지는?

1. _____
2. _____
3. _____

무엇을 했더라면 오늘 하루가 더 만족스러웠을까?

_____
_____

DATE _____ / ____ / ____

성공을 추구하느라 너무 바빠서 행복할 시간마저 없다면,
우리는 성공의 의미에 대해 다시 진지하게 생각해보아야 한다.
마리아 포포바

지금 이 순간, 감사하고 싶은 일은?

1. _____
2. _____
3. _____

어떻게 하면 더 좋은 하루를 보낼 수 있을까?

1. _____
2. _____
3. _____

나를 위한 긍정의 한 줄은?

_____
_____

오늘 일어난 멋진 일 3가지는?

1. _____
2. _____
3. _____

무엇을 했더라면 오늘 하루가 더 만족스러웠을까?

_____
_____

DATE _____ / ____ / ____

주간 도전 과제

브레네 브라운Brene Brown의 '취약성의 힘The Power of Vulnerability'이라는 테드Ted 강연을 유튜브에서 찾아 시청하라.

지금 이 순간, 감사하고 싶은 일은?

1. _____
2. _____
3. _____

어떻게 하면 더 좋은 하루를 보낼 수 있을까?

1. _____
2. _____
3. _____

나를 위한 긍정의 한 줄은?

_____
_____

오늘 일어난 멋진 일 3가지는?

1. _____
2. _____
3. _____

무엇을 했더라면 오늘 하루가 더 만족스러웠을까?

_____
_____

DATE _____ / ____ / ____

자아는 변치 않는 무언가가 아니다. 예쁜 박스 안에 포장되어
아이에게 주어지는 완전무결한 선물이 아니다. 자아는 항상 '되어가는 것'이다.
매들렌 렝글

지금 이 순간, 감사하고 싶은 일은?

1. _____
2. _____
3. _____

어떻게 하면 더 좋은 하루를 보낼 수 있을까?

1. _____
2. _____
3. _____

나를 위한 긍정의 한 줄은?

_____
_____

오늘 일어난 멋진 일 3가지는?

1. _____
2. _____
3. _____

무엇을 했더라면 오늘 하루가 더 만족스러웠을까?

_____
_____

DATE _____ / ____ / ____

참된 행복은 자기만족을 통해 얻어지는 것이 아니다.
가치 있는 목적에 충실했을 때 얻어진다.
헬렌 켈러

지금 이 순간, 감사하고 싶은 일은?

1. _____
2. _____
3. _____

어떻게 하면 더 좋은 하루를 보낼 수 있을까?

1. _____
2. _____
3. _____

나를 위한 긍정의 한 줄은?

_____
_____

오늘 일어난 멋진 일 3가지는?

1. _____
2. _____
3. _____

무엇을 했더라면 오늘 하루가 더 만족스러웠을까?

_____
_____

DATE _____ / ____ / ____

> 선함을 얻으려면, 오히려 악함을 꺼리지 않거나
> 이에 열정을 갖는 것이 도움이 된다.
> **다니엘 코일**

지금 이 순간, 감사하고 싶은 일은?

1. ___
2. ___
3. ___

어떻게 하면 더 좋은 하루를 보낼 수 있을까?

1. ___
2. ___
3. ___

나를 위한 긍정의 한 줄은?

___
___

오늘 일어난 멋진 일 3가지는?

1. ___
2. ___
3. ___

무엇을 했더라면 오늘 하루가 더 만족스러웠을까?

___
___

DATE _____ / ____ / ____

작은 보살핌, 작은 나눔, 그것이 인생의 모든 것이다.
오쇼

지금 이 순간, 감사하고 싶은 일은?

1. _____
2. _____
3. _____

어떻게 하면 더 좋은 하루를 보낼 수 있을까?

1. _____
2. _____
3. _____

나를 위한 긍정의 한 줄은?

_____
_____

오늘 일어난 멋진 일 3가지는?

1. _____
2. _____
3. _____

무엇을 했더라면 오늘 하루가 더 만족스러웠을까?

_____
_____

DATE _____ / _____ / _____

주간 도전 과제
산책을 함께 하고, 저녁을 함께 먹고, 볼링을 함께 즐길 사람에게 전화를 걸라.

지금 이 순간, 감사하고 싶은 일은?

1. _____
2. _____
3. _____

어떻게 하면 더 좋은 하루를 보낼 수 있을까?

1. _____
2. _____
3. _____

나를 위한 긍정의 한 줄은?

_____
_____

오늘 일어난 멋진 일 3가지는?

1. _____
2. _____
3. _____

무엇을 했더라면 오늘 하루가 더 만족스러웠을까?

_____
_____

DATE _____ / ____ / ____

우리의 모든 꿈은 우리가 그것을 추구할 용기만 있다면 이뤄진다.
월트 디즈니

지금 이 순간, 감사하고 싶은 일은?

1. _____
2. _____
3. _____

어떻게 하면 더 좋은 하루를 보낼 수 있을까?

1. _____
2. _____
3. _____

나를 위한 긍정의 한 줄은?

_____
_____

오늘 일어난 멋진 일 3가지는?

1. _____
2. _____
3. _____

무엇을 했더라면 오늘 하루가 더 만족스러웠을까?

_____
_____

DATE _____ / ____ / ____

비난을 면하기 위해
아무 말도 하지 않고 아무것도 하지 않으면 아무것도 아닌 사람이 된다.
프레드 셰로

지금 이 순간, 감사하고 싶은 일은?

1. _____
2. _____
3. _____

어떻게 하면 더 좋은 하루를 보낼 수 있을까?

1. _____
2. _____
3. _____

나를 위한 긍정의 한 줄은?

_____
_____

오늘 일어난 멋진 일 3가지는?

1. _____
2. _____
3. _____

무엇을 했더라면 오늘 하루가 더 만족스러웠을까?

_____
_____

DATE _____ / ____ / ____

장애물은 역경이 아닌 기회다.
이 사실을 똑바로 보지 못하게 막는 모든 인식이 적이다.
라이언 홀리데이

지금 이 순간, 감사하고 싶은 일은?

1. _____
2. _____
3. _____

어떻게 하면 더 좋은 하루를 보낼 수 있을까?

1. _____
2. _____
3. _____

나를 위한 긍정의 한 줄은?

_____
_____

오늘 일어난 멋진 일 3가지는?

1. _____
2. _____
3. _____

무엇을 했더라면 오늘 하루가 더 만족스러웠을까?

_____
_____

DATE _____ / _____ / _____

> 타인이 우리에게 무엇을 해줄 수 있는지는 그만 질문하고,
> 우리가 타인에게 무엇을 해줄 수 있는지를 질문하라.
> **오스틴 클레온**

지금 이 순간, 감사하고 싶은 일은?

1. _____
2. _____
3. _____

어떻게 하면 더 좋은 하루를 보낼 수 있을까?

1. _____
2. _____
3. _____

나를 위한 긍정의 한 줄은?

_____
_____

오늘 일어난 멋진 일 3가지는?

1. _____
2. _____
3. _____

무엇을 했더라면 오늘 하루가 더 만족스러웠을까?

_____
_____

DATE _____ / ____ / ____

주간 도전 과제
한 마디 불평이나 짜증도 내지 않는 하루를 만들어보라.
'오, 이번 주에는 불평한 적이 없군!' 하는 한 주를 만들어보라.

지금 이 순간, 감사하고 싶은 일은?

1. _____
2. _____
3. _____

어떻게 하면 더 좋은 하루를 보낼 수 있을까?

1. _____
2. _____
3. _____

나를 위한 긍정의 한 줄은?

_____
_____

오늘 일어난 멋진 일 3가지는?

1. _____
2. _____
3. _____

무엇을 했더라면 오늘 하루가 더 만족스러웠을까?

_____
_____

DATE _____ / ____ / ____

'성장한다'는 것은 위쪽을 향해 나아간다는 뜻이고 '뛰어넘는다'는 것은 계속 앞으로 나아간다는 의미다. 우리 모두는 포기하는 것보다 더 나은 선택을 할 수 있다.
셰릴 스트레이드

지금 이 순간, 감사하고 싶은 일은?

1. _____
2. _____
3. _____

어떻게 하면 더 좋은 하루를 보낼 수 있을까?

1. _____
2. _____
3. _____

나를 위한 긍정의 한 줄은?

_____
_____

오늘 일어난 멋진 일 3가지는?

1. _____
2. _____
3. _____

무엇을 했더라면 오늘 하루가 더 만족스러웠을까?

_____
_____

DATE _____ / ____ / ____

당신이 인생에 이미 갖고 있는 좋은 면들에 감사하는 것은
모든 풍족함으로 이끄는 토대가 된다.
에크하르트 톨레

지금 이 순간, 감사하고 싶은 일은?

1. _____
2. _____
3. _____

어떻게 하면 더 좋은 하루를 보낼 수 있을까?

1. _____
2. _____
3. _____

나를 위한 긍정의 한 줄은?

_____
_____

오늘 일어난 멋진 일 3가지는?

1. _____
2. _____
3. _____

무엇을 했더라면 오늘 하루가 더 만족스러웠을까?

_____
_____

DATE _____ / ____ / ____

주는 사람이 되는 데 엄청난 희생적 행동이 요구되지는 않는다. 단지 다른 사람의 이해관계 안에서 행동하는 것에 당신이 관심 갖기를 요할 뿐이다.
애덤 그랜트

지금 이 순간, 감사하고 싶은 일은?

1. _____
2. _____
3. _____

어떻게 하면 더 좋은 하루를 보낼 수 있을까?

1. _____
2. _____
3. _____

나를 위한 긍정의 한 줄은?

_____
_____

오늘 일어난 멋진 일 3가지는?

1. _____
2. _____
3. _____

무엇을 했더라면 오늘 하루가 더 만족스러웠을까?

_____
_____

DATE _____ / ____ / ____

아무리 말해도 지나치지 않은 사실: 모든 인생은 하나다.
빌 브라이슨

지금 이 순간, 감사하고 싶은 일은?

1. _____
2. _____
3. _____

어떻게 하면 더 좋은 하루를 보낼 수 있을까?

1. _____
2. _____
3. _____

나를 위한 긍정의 한 줄은?

_____
_____

오늘 일어난 멋진 일 3가지는?

1. _____
2. _____
3. _____

무엇을 했더라면 오늘 하루가 더 만족스러웠을까?

_____
_____

DATE _____ / ____ / ____

자제력을 키우는 가장 좋은 방법은
어떻게 그리고 왜 당신이 자제력을 잃는가를 살피는 것이다.
켈리 맥고니걸

지금 이 순간, 감사하고 싶은 일은?

1. _____
2. _____
3. _____

어떻게 하면 더 좋은 하루를 보낼 수 있을까?

1. _____
2. _____
3. _____

나를 위한 긍정의 한 줄은?

_____
_____

오늘 일어난 멋진 일 3가지는?

1. _____
2. _____
3. _____

무엇을 했더라면 오늘 하루가 더 만족스러웠을까?

_____
_____

DATE _____ / _____ / _____

용기는 미지의 것과의 연애다.
<u>오쇼</u>

지금 이 순간, 감사하고 싶은 일은?

1. _____
2. _____
3. _____

어떻게 하면 더 좋은 하루를 보낼 수 있을까?

1. _____
2. _____
3. _____

나를 위한 긍정의 한 줄은?

_____
_____

오늘 일어난 멋진 일 3가지는?

1. _____
2. _____
3. _____

무엇을 했더라면 오늘 하루가 더 만족스러웠을까?

_____
_____

DATE _____ / ____ / ____

주간 도전 과제
더 이상 가슴 뛰게 하지 않는 것 하나를 삶에서 제거하라.

지금 이 순간, 감사하고 싶은 일은?

1. _____
2. _____
3. _____

어떻게 하면 더 좋은 하루를 보낼 수 있을까?

1. _____
2. _____
3. _____

나를 위한 긍정의 한 줄은?

_____
_____

오늘 일어난 멋진 일 3가지는?

1. _____
2. _____
3. _____

무엇을 했더라면 오늘 하루가 더 만족스러웠을까?

_____
_____

DATE _____ / ____ / ____

실패는 목표를 지나치게 높게 설정해 이에 미치지 못하는 데 있지 않다.
목표를 너무 낮게 잡고, 여기에 매달리는 데 있다.

미켈란젤로

지금 이 순간, 감사하고 싶은 일은?

1. _____
2. _____
3. _____

어떻게 하면 더 좋은 하루를 보낼 수 있을까?

1. _____
2. _____
3. _____

나를 위한 긍정의 한 줄은?

_____
_____

오늘 일어난 멋진 일 3가지는?

1. _____
2. _____
3. _____

무엇을 했더라면 오늘 하루가 더 만족스러웠을까?

_____
_____

DATE _____ / ____ / ____

당신이 부탁을 받았다면 하기 싫을 일을
남에게 부탁하는 것은 공정하지 못하다.
엘레노어 루즈벨트

지금 이 순간, 감사하고 싶은 일은?

1. _____
2. _____
3. _____

어떻게 하면 더 좋은 하루를 보낼 수 있을까?

1. _____
2. _____
3. _____

나를 위한 긍정의 한 줄은?

_____
_____

오늘 일어난 멋진 일 3가지는?

1. _____
2. _____
3. _____

무엇을 했더라면 오늘 하루가 더 만족스러웠을까?

_____
_____

DATE _____ / ____ / ____

우리가 아니라면, 누가?
지금이 아니라면, 언제?
힐레 더 엘더

지금 이 순간, 감사하고 싶은 일은?

1. _____
2. _____
3. _____

어떻게 하면 더 좋은 하루를 보낼 수 있을까?

1. _____
2. _____
3. _____

나를 위한 긍정의 한 줄은?

_____
_____

오늘 일어난 멋진 일 3가지는?

1. _____
2. _____
3. _____

무엇을 했더라면 오늘 하루가 더 만족스러웠을까?

_____
_____

DATE _____ / ____ / ____

> 좋은 변화를 원한다면, 감사를 해보라.
> 당신의 인생을 엄청나게 바꿔놓을 것이다.
> **제럴드 굿**

지금 이 순간, 감사하고 싶은 일은?

1. _____
2. _____
3. _____

어떻게 하면 더 좋은 하루를 보낼 수 있을까?

1. _____
2. _____
3. _____

나를 위한 긍정의 한 줄은?

_____
_____

오늘 일어난 멋진 일 3가지는?

1. _____
2. _____
3. _____

무엇을 했더라면 오늘 하루가 더 만족스러웠을까?

_____
_____

DATE _____ / ____ / ____

지속적이고 비판적인 피드백을 요청하라. 당신이 지금
어떻게 하고 있는지 모르면, 어떤 것들을 개선해야 하는지도 결코 알지 못한다.
다니엘 핑크

지금 이 순간, 감사하고 싶은 일은?

1. _____
2. _____
3. _____

어떻게 하면 더 좋은 하루를 보낼 수 있을까?

1. _____
2. _____
3. _____

나를 위한 긍정의 한 줄은?

_____
_____

오늘 일어난 멋진 일 3가지는?

1. _____
2. _____
3. _____

무엇을 했더라면 오늘 하루가 더 만족스러웠을까?

_____
_____

DATE _____ / _____ / _____

다른 사람들의 관점에서 세상을 보는 것,
그것이 곧 성공의 비밀이다.
폴 그레이엄

지금 이 순간, 감사하고 싶은 일은?

1. _____
2. _____
3. _____

어떻게 하면 더 좋은 하루를 보낼 수 있을까?

1. _____
2. _____
3. _____

나를 위한 긍정의 한 줄은?

_____
_____

오늘 일어난 멋진 일 3가지는?

1. _____
2. _____
3. _____

무엇을 했더라면 오늘 하루가 더 만족스러웠을까?

_____
_____

DATE _____ / ____ / ____

주간 도전 과제
5분 동안 명상을 하라. 오직 호흡에 집중하라.
그리고 그 느낌을 반드시 글로 남겨보라.

지금 이 순간, 감사하고 싶은 일은?

1. _____
2. _____
3. _____

어떻게 하면 더 좋은 하루를 보낼 수 있을까?

1. _____
2. _____
3. _____

나를 위한 긍정의 한 줄은?

_____
_____

오늘 일어난 멋진 일 3가지는?

1. _____
2. _____
3. _____

무엇을 했더라면 오늘 하루가 더 만족스러웠을까?

_____
_____

DATE _____ / ____ / ____

소인배는 불운에 길들여지고
위대한 사람은 불운을 이겨낸다.
워싱턴 어빙

지금 이 순간, 감사하고 싶은 일은?

1. _____
2. _____
3. _____

어떻게 하면 더 좋은 하루를 보낼 수 있을까?

1. _____
2. _____
3. _____

나를 위한 긍정의 한 줄은?

_____
_____

오늘 일어난 멋진 일 3가지는?

1. _____
2. _____
3. _____

무엇을 했더라면 오늘 하루가 더 만족스러웠을까?

_____
_____

DATE _____ / ____ / ____

크고, 답답하고, 복잡한 문제들을 환영하라.
그 안에 당신의 가장 큰 기회가 숨겨져 있다.
랠프 마스튼

지금 이 순간, 감사하고 싶은 일은?

1. _____
2. _____
3. _____

어떻게 하면 더 좋은 하루를 보낼 수 있을까?

1. _____
2. _____
3. _____

나를 위한 긍정의 한 줄은?

_____
_____

오늘 일어난 멋진 일 3가지는?

1. _____
2. _____
3. _____

무엇을 했더라면 오늘 하루가 더 만족스러웠을까?

_____
_____

DATE _____ / ____ / ____

진정한 너그러움이란 이런 것이다.
당신의 모든 것을 내놓고도, 아무것도 주지 않은 것처럼 여기는 것.
시몬 드 보부아르

지금 이 순간, 감사하고 싶은 일은?

1. _____
2. _____
3. _____

어떻게 하면 더 좋은 하루를 보낼 수 있을까?

1. _____
2. _____
3. _____

나를 위한 긍정의 한 줄은?

_____
_____

오늘 일어난 멋진 일 3가지는?

1. _____
2. _____
3. _____

무엇을 했더라면 오늘 하루가 더 만족스러웠을까?

_____
_____

DATE _____ / ____ / ____

진정한 아름다움은 대칭이나 몸무게나 메이크업에 있지 않다. 인생을 정면으로 마주보고 당신 안에 비춰진 인생의 모든 장엄함을 보는 것에 있다.

발레리 먼로

지금 이 순간, 감사하고 싶은 일은?

1. _____
2. _____
3. _____

어떻게 하면 더 좋은 하루를 보낼 수 있을까?

1. _____
2. _____
3. _____

나를 위한 긍정의 한 줄은?

_____
_____

오늘 일어난 멋진 일 3가지는?

1. _____
2. _____
3. _____

무엇을 했더라면 오늘 하루가 더 만족스러웠을까?

_____
_____

DATE _____ / ____ / ____

인생은 한 번 살지만, 제대로 살면, 그 한 번도 충분하다.
매 웨스트

지금 이 순간, 감사하고 싶은 일은?

1. _____
2. _____
3. _____

어떻게 하면 더 좋은 하루를 보낼 수 있을까?

1. _____
2. _____
3. _____

나를 위한 긍정의 한 줄은?

_____
_____

오늘 일어난 멋진 일 3가지는?

1. _____
2. _____
3. _____

무엇을 했더라면 오늘 하루가 더 만족스러웠을까?

_____
_____

DATE _____ / ____ / ____

주간 도전 과제
이번 주중 하루를 골라
최고로 멋지게 차려입을 것.

지금 이 순간, 감사하고 싶은 일은?

1. _____
2. _____
3. _____

어떻게 하면 더 좋은 하루를 보낼 수 있을까?

1. _____
2. _____
3. _____

나를 위한 긍정의 한 줄은?

_____
_____

오늘 일어난 멋진 일 3가지는?

1. _____
2. _____
3. _____

무엇을 했더라면 오늘 하루가 더 만족스러웠을까?

_____
_____

DATE _____ / ____ / ____

> 그 사람이 어떤 사람인지 알고 싶은가? 그가 그와 동등한 위치가 아닌
> 그보다 못한 사람들을 어떻게 대하는지 잘 살펴보라.
> J. K. 롤링

지금 이 순간, 감사하고 싶은 일은?

1. _____
2. _____
3. _____

어떻게 하면 더 좋은 하루를 보낼 수 있을까?

1. _____
2. _____
3. _____

나를 위한 긍정의 한 줄은?

_____
_____

오늘 일어난 멋진 일 3가지는?

1. _____
2. _____
3. _____

무엇을 했더라면 오늘 하루가 더 만족스러웠을까?

_____
_____

DATE _____ / ____ / ____

친구는 당신에 대해 모든 것을 알고 있지만,
그럼에도 불구하고 당신을 사랑하는 사람이다.
엘버트 허바드

지금 이 순간, 감사하고 싶은 일은?

1. _____
2. _____
3. _____

어떻게 하면 더 좋은 하루를 보낼 수 있을까?

1. _____
2. _____
3. _____

나를 위한 긍정의 한 줄은?

_____
_____

오늘 일어난 멋진 일 3가지는?

1. _____
2. _____
3. _____

무엇을 했더라면 오늘 하루가 더 만족스러웠을까?

_____
_____

DATE _____ / _____ / _____

몇몇 일들을 심각하게 받아들이기 시작했다면, 반드시 기억하라,
우리가 우주를 비행하는 유기농 우주선에 탄 말하는 원숭이라는 사실을.
조 로건

지금 이 순간, 감사하고 싶은 일은?

1. _____
2. _____
3. _____

어떻게 하면 더 좋은 하루를 보낼 수 있을까?

1. _____
2. _____
3. _____

나를 위한 긍정의 한 줄은?

_____
_____

오늘 일어난 멋진 일 3가지는?

1. _____
2. _____
3. _____

무엇을 했더라면 오늘 하루가 더 만족스러웠을까?

_____
_____

DATE _____ / ____ / ____

두려움과 덜 싸울수록, 그것이 더 나를 공격해 온다.
내가 휴식을 취할 수 있으면, 두려움 또한 휴식을 취한다.
엘리자베스 길버트

지금 이 순간, 감사하고 싶은 일은?

1. _____
2. _____
3. _____

어떻게 하면 더 좋은 하루를 보낼 수 있을까?

1. _____
2. _____
3. _____

나를 위한 긍정의 한 줄은?

_____
_____

오늘 일어난 멋진 일 3가지는?

1. _____
2. _____
3. _____

무엇을 했더라면 오늘 하루가 더 만족스러웠을까?

_____
_____

DATE _____ / _____ / _____

책임을 다하려면 타인과의 약속을 지켜라.
성공하고 싶다면 당신 자신과의 약속을 지켜라.
마리 폴레오

지금 이 순간, 감사하고 싶은 일은?

1. _____
2. _____
3. _____

어떻게 하면 더 좋은 하루를 보낼 수 있을까?

1. _____
2. _____
3. _____

나를 위한 긍정의 한 줄은?

_____
_____

오늘 일어난 멋진 일 3가지는?

1. _____
2. _____
3. _____

무엇을 했더라면 오늘 하루가 더 만족스러웠을까?

_____
_____

DATE _____ / ____ / ____

주간 도전 과제
나 자신에게 지금껏 전혀 들어보지 못한 칭찬과 찬사를 선물하라.

지금 이 순간, 감사하고 싶은 일은?

1. _____
2. _____
3. _____

어떻게 하면 더 좋은 하루를 보낼 수 있을까?

1. _____
2. _____
3. _____

나를 위한 긍정의 한 줄은?

_____
_____

오늘 일어난 멋진 일 3가지는?

1. _____
2. _____
3. _____

무엇을 했더라면 오늘 하루가 더 만족스러웠을까?

_____
_____

DATE _____ / _____ / _____

성공이 회복력이나 노력이 아니라 타고난 능력에 좌우된다고 믿는 순간,
우리는 역경 앞에서 부서지고 말 것이다.
조슈아 웨이츠킨

지금 이 순간, 감사하고 싶은 일은?

1. _____
2. _____
3. _____

어떻게 하면 더 좋은 하루를 보낼 수 있을까?

1. _____
2. _____
3. _____

나를 위한 긍정의 한 줄은?

_____
_____

오늘 일어난 멋진 일 3가지는?

1. _____
2. _____
3. _____

무엇을 했더라면 오늘 하루가 더 만족스러웠을까?

_____
_____

DATE _____ / ____ / ____

당신은 돈으로 살 수 없는 뭔가를 갖지 못한 이상,
부자가 아니다.
가스 브룩스

지금 이 순간, 감사하고 싶은 일은?

1. _____
2. _____
3. _____

어떻게 하면 더 좋은 하루를 보낼 수 있을까?

1. _____
2. _____
3. _____

나를 위한 긍정의 한 줄은?

_____
_____

오늘 일어난 멋진 일 3가지는?

1. _____
2. _____
3. _____

무엇을 했더라면 오늘 하루가 더 만족스러웠을까?

_____
_____

DATE _____ / ____ / ____

힘은 승리에서 오지 않는다. 당신의 투쟁이 힘을 키운다.
역경을 견뎌내며 항복하지 않겠다는 것, 그것이 바로 힘이다.
아널드 슈워제네거

지금 이 순간, 감사하고 싶은 일은?

1. _____
2. _____
3. _____

어떻게 하면 더 좋은 하루를 보낼 수 있을까?

1. _____
2. _____
3. _____

나를 위한 긍정의 한 줄은?

_____
_____

오늘 일어난 멋진 일 3가지는?

1. _____
2. _____
3. _____

무엇을 했더라면 오늘 하루가 더 만족스러웠을까?

_____
_____

DATE _____ / ____ / ____

행복은 당신이 생각하는 것, 말하는 것 그리고 행동하는 것이
조화를 이룰 때 찾아온다.
마하트마 간디

지금 이 순간, 감사하고 싶은 일은?

1. _____
2. _____
3. _____

어떻게 하면 더 좋은 하루를 보낼 수 있을까?

1. _____
2. _____
3. _____

나를 위한 긍정의 한 줄은?

_____
_____

오늘 일어난 멋진 일 3가지는?

1. _____
2. _____
3. _____

무엇을 했더라면 오늘 하루가 더 만족스러웠을까?

_____
_____

DATE _____ / ____ / ____

주간 도전 과제
나의 약점 5가지를 목록으로 만들어라.
그리고 이 5가지를 강점으로 만들 수 있는 방법을 끌어내라.

지금 이 순간, 감사하고 싶은 일은?

1. _____
2. _____
3. _____

어떻게 하면 더 좋은 하루를 보낼 수 있을까?

1. _____
2. _____
3. _____

나를 위한 긍정의 한 줄은?

_____
_____

오늘 일어난 멋진 일 3가지는?

1. _____
2. _____
3. _____

무엇을 했더라면 오늘 하루가 더 만족스러웠을까?

_____
_____

DATE _____ / ____ / ____

당신 나이를 세월이 아닌 친구들의 수만큼 세어라.
인생을 눈물이 아닌 미소의 수만큼 세어라.
존 레논

지금 이 순간, 감사하고 싶은 일은?

1. _____
2. _____
3. _____

어떻게 하면 더 좋은 하루를 보낼 수 있을까?

1. _____
2. _____
3. _____

나를 위한 긍정의 한 줄은?

_____
_____

오늘 일어난 멋진 일 3가지는?

1. _____
2. _____
3. _____

무엇을 했더라면 오늘 하루가 더 만족스러웠을까?

_____
_____

DATE _____ / ____ / ____

감사함을 느끼면서도 이를 표현하지 않는 것은
선물을 포장해 두고는 주지 않는 것과 같다.
윌리엄 아서 워드

지금 이 순간, 감사하고 싶은 일은?

1. _____
2. _____
3. _____

어떻게 하면 더 좋은 하루를 보낼 수 있을까?

1. _____
2. _____
3. _____

나를 위한 긍정의 한 줄은?

_____
_____

오늘 일어난 멋진 일 3가지는?

1. _____
2. _____
3. _____

무엇을 했더라면 오늘 하루가 더 만족스러웠을까?

_____
_____

DATE _____ / ____ / ____

예술은 불안한 사람들에게 위안을 주고,
안정된 사람들을 불안하게 만들 수 있어야 한다.
뱅크시

지금 이 순간, 감사하고 싶은 일은?

1. _____
2. _____
3. _____

어떻게 하면 더 좋은 하루를 보낼 수 있을까?

1. _____
2. _____
3. _____

나를 위한 긍정의 한 줄은?

_____
_____

오늘 일어난 멋진 일 3가지는?

1. _____
2. _____
3. _____

무엇을 했더라면 오늘 하루가 더 만족스러웠을까?

_____
_____

DATE _____ / ____ / ____

주어진 인생 안에서 최선을 다한 사람에게
최선의 결과가 주어진다.
존 우든

지금 이 순간, 감사하고 싶은 일은?

1. _____
2. _____
3. _____

어떻게 하면 더 좋은 하루를 보낼 수 있을까?

1. _____
2. _____
3. _____

나를 위한 긍정의 한 줄은?

_____
_____

오늘 일어난 멋진 일 3가지는?

1. _____
2. _____
3. _____

무엇을 했더라면 오늘 하루가 더 만족스러웠을까?

_____
_____

DATE _____ / ____ / ____

인생을 살며 우리는 둘 중 하나를 선택한다.
어떤 특별한 날을 기다리거나, 아니면 매일의 특별함을 축하하거나.
라시드 오군라루

지금 이 순간, 감사하고 싶은 일은?

1. _____
2. _____
3. _____

어떻게 하면 더 좋은 하루를 보낼 수 있을까?

1. _____
2. _____
3. _____

나를 위한 긍정의 한 줄은?

_____
_____

오늘 일어난 멋진 일 3가지는?

1. _____
2. _____
3. _____

무엇을 했더라면 오늘 하루가 더 만족스러웠을까?

_____
_____

DATE _____ / ____ / ____

주간 도전 과제
끊임없이 영감을 얻는 삶을 위해 유튜브나 페이스북 등에서
창의적인 동영상을 제공하는 채널을 찾아 구독하라.

지금 이 순간, 감사하고 싶은 일은?

1. _____
2. _____
3. _____

어떻게 하면 더 좋은 하루를 보낼 수 있을까?

1. _____
2. _____
3. _____

나를 위한 긍정의 한 줄은?

_____
_____

오늘 일어난 멋진 일 3가지는?

1. _____
2. _____
3. _____

무엇을 했더라면 오늘 하루가 더 만족스러웠을까?

_____
_____

DATE _____ / ____ / ____

당신이 당신 안에서 다른 누군가를 보살펴주려는 마음을 발견했다면,
당신은 성공할 것이다.
마야 안젤루

지금 이 순간, 감사하고 싶은 일은?

1. _____
2. _____
3. _____

어떻게 하면 더 좋은 하루를 보낼 수 있을까?

1. _____
2. _____
3. _____

나를 위한 긍정의 한 줄은?

_____
_____

오늘 일어난 멋진 일 3가지는?

1. _____
2. _____
3. _____

무엇을 했더라면 오늘 하루가 더 만족스러웠을까?

_____
_____

DATE _____ / ____ / ____

타인을 보살피고, 감정의 위험을 무릅쓰면서
사람들에게 영향을 남기는 일들이 행복을 불러온다.
해럴드 쿠시너

지금 이 순간, 감사하고 싶은 일은?

1. _____
2. _____
3. _____

어떻게 하면 더 좋은 하루를 보낼 수 있을까?

1. _____
2. _____
3. _____

나를 위한 긍정의 한 줄은?

_____
_____

오늘 일어난 멋진 일 3가지는?

1. _____
2. _____
3. _____

무엇을 했더라면 오늘 하루가 더 만족스러웠을까?

_____
_____

DATE _____ / ____ / ____

행복의 순간은 갑자기 다가온다.
우리가 그들을 붙잡는 것이 아니라, 그들이 우리를 붙잡는 것이다.
애슐리 몬태규

지금 이 순간, 감사하고 싶은 일은?

1. _____
2. _____
3. _____

어떻게 하면 더 좋은 하루를 보낼 수 있을까?

1. _____
2. _____
3. _____

나를 위한 긍정의 한 줄은?

_____
_____

오늘 일어난 멋진 일 3가지는?

1. _____
2. _____
3. _____

무엇을 했더라면 오늘 하루가 더 만족스러웠을까?

_____
_____

DATE _____ / ____ / ____

때때로 당신의 기쁨은 당신의 미소의 원천이지만,
때때로 당신의 미소가 당신의 기쁨의 원천이 될 수 있다.
틱낫한

지금 이 순간, 감사하고 싶은 일은?

1. _____
2. _____
3. _____

어떻게 하면 더 좋은 하루를 보낼 수 있을까?

1. _____
2. _____
3. _____

나를 위한 긍정의 한 줄은?

_____
_____

오늘 일어난 멋진 일 3가지는?

1. _____
2. _____
3. _____

무엇을 했더라면 오늘 하루가 더 만족스러웠을까?

_____
_____

DATE _____ / _____ / _____

너무 이른 친절이란 없다.
당신은 얼마나 그것이 늦은 것인지에 대해서도 알 길이 없기 때문이다.
랠프 왈도 에머슨

지금 이 순간, 감사하고 싶은 일은?

1. _____
2. _____
3. _____

어떻게 하면 더 좋은 하루를 보낼 수 있을까?

1. _____
2. _____
3. _____

나를 위한 긍정의 한 줄은?

_____
_____

오늘 일어난 멋진 일 3가지는?

1. _____
2. _____
3. _____

무엇을 했더라면 오늘 하루가 더 만족스러웠을까?

_____
_____

DATE _____ / _____ / _____

> 지혜는 당신이 말하는 대신 듣기로 한 것에 대한
> 일생의 보상으로 얻어지는 것이다.
> 더그 라슨

지금 이 순간, 감사하고 싶은 일은?

1. _____
2. _____
3. _____

어떻게 하면 더 좋은 하루를 보낼 수 있을까?

1. _____
2. _____
3. _____

나를 위한 긍정의 한 줄은?

_____
_____

오늘 일어난 멋진 일 3가지는?

1. _____
2. _____
3. _____

무엇을 했더라면 오늘 하루가 더 만족스러웠을까?

_____
_____

DATE _____ / ____ / ____

주간 도전 과제
나 자신에 대해 생각하며 30분 동안 걷기.

지금 이 순간, 감사하고 싶은 일은?
1. _____
2. _____
3. _____

어떻게 하면 더 좋은 하루를 보낼 수 있을까?
1. _____
2. _____
3. _____

나를 위한 긍정의 한 줄은?
_____
_____

오늘 일어난 멋진 일 3가지는?
1. _____
2. _____
3. _____

무엇을 했더라면 오늘 하루가 더 만족스러웠을까?
_____
_____

DATE _____ / ____ / ____

> 누군가와 동등해지기를 바란다면
> 오직 당신을 도와주었던 사람들과 같아지기를 바라라.
> 존 E. 사우스아드

지금 이 순간, 감사하고 싶은 일은?

1. _____
2. _____
3. _____

어떻게 하면 더 좋은 하루를 보낼 수 있을까?

1. _____
2. _____
3. _____

나를 위한 긍정의 한 줄은?

_____
_____

오늘 일어난 멋진 일 3가지는?

1. _____
2. _____
3. _____

무엇을 했더라면 오늘 하루가 더 만족스러웠을까?

_____
_____

DATE _____ / ____ / ____

당신은 원하는 것이 아닌, 당신과 같은 것들을 끌어당긴다.
웨인 다이어

지금 이 순간, 감사하고 싶은 일은?

1. _____
2. _____
3. _____

어떻게 하면 더 좋은 하루를 보낼 수 있을까?

1. _____
2. _____
3. _____

나를 위한 긍정의 한 줄은?

_____
_____

오늘 일어난 멋진 일 3가지는?

1. _____
2. _____
3. _____

무엇을 했더라면 오늘 하루가 더 만족스러웠을까?

_____
_____

DATE _____ / ____ / ____

현명한 이들은 수만 권의 책을 읽는 사람들이 아니다.
그들 자신의 마음과 생각을 읽을 수 있는 사람들이다.
푸크

지금 이 순간, 감사하고 싶은 일은?

1. _____
2. _____
3. _____

어떻게 하면 더 좋은 하루를 보낼 수 있을까?

1. _____
2. _____
3. _____

나를 위한 긍정의 한 줄은?

_____
_____

오늘 일어난 멋진 일 3가지는?

1. _____
2. _____
3. _____

무엇을 했더라면 오늘 하루가 더 만족스러웠을까?

_____
_____

DATE _____ / ____ / ____

사랑은 의지의 표현이다. 말하자면, 의도와 행동 모두이다.
의지는 또한 선택을 의미한다. 우리는 의무감이 아니라 선택을 통해 사랑한다.

M. 스콧 펙

지금 이 순간, 감사하고 싶은 일은?

1. _____
2. _____
3. _____

어떻게 하면 더 좋은 하루를 보낼 수 있을까?

1. _____
2. _____
3. _____

나를 위한 긍정의 한 줄은?

_____
_____

오늘 일어난 멋진 일 3가지는?

1. _____
2. _____
3. _____

무엇을 했더라면 오늘 하루가 더 만족스러웠을까?

_____
_____

DATE _____ / ____ / ____

가진 것에 감사하라, 그러면 더 많은 것을 갖게 될 것이다.
당신이 갖지 못한 것에 집중한다면, 당신은 절대 충분히 갖지 못할 것이다.
오프라 윈프리

지금 이 순간, 감사하고 싶은 일은?

1. _____
2. _____
3. _____

어떻게 하면 더 좋은 하루를 보낼 수 있을까?

1. _____
2. _____
3. _____

나를 위한 긍정의 한 줄은?

_____
_____

오늘 일어난 멋진 일 3가지는?

1. _____
2. _____
3. _____

무엇을 했더라면 오늘 하루가 더 만족스러웠을까?

_____
_____

DATE _____ / ____ / ____

타인과 나누지 못하는 것을 소유하는 것에는
어떤 기쁨도 없다.
세네카

지금 이 순간, 감사하고 싶은 일은?

1. _____
2. _____
3. _____

어떻게 하면 더 좋은 하루를 보낼 수 있을까?

1. _____
2. _____
3. _____

나를 위한 긍정의 한 줄은?

_____
_____

오늘 일어난 멋진 일 3가지는?

1. _____
2. _____
3. _____

무엇을 했더라면 오늘 하루가 더 만족스러웠을까?

_____
_____

DATE _____ / ____ / ____

주간 도전 과제
곤도 마리에가 쓴
《인생이 빛나는 정리의 마법》을 읽기 시작하라.

지금 이 순간, 감사하고 싶은 일은?

1. _____
2. _____
3. _____

어떻게 하면 더 좋은 하루를 보낼 수 있을까?

1. _____
2. _____
3. _____

나를 위한 긍정의 한 줄은?

_____
_____

오늘 일어난 멋진 일 3가지는?

1. _____
2. _____
3. _____

무엇을 했더라면 오늘 하루가 더 만족스러웠을까?

_____
_____

DATE _____ / ____ / ____

더 나은 세상을 위한 노력을 바로 지금 시작할 수 있다는 것은
얼마나 아름다운 일인가!
안네 프랑크

지금 이 순간, 감사하고 싶은 일은?

1. _____
2. _____
3. _____

어떻게 하면 더 좋은 하루를 보낼 수 있을까?

1. _____
2. _____
3. _____

나를 위한 긍정의 한 줄은?

_____
_____

오늘 일어난 멋진 일 3가지는?

1. _____
2. _____
3. _____

무엇을 했더라면 오늘 하루가 더 만족스러웠을까?

_____
_____

DATE _____ / ____ / ____

이 세상은 나의 국가이고, 모든 인류는 나의 교우들이며,
선함을 행하는 것이 나의 종교다.
토머스 페인

지금 이 순간, 감사하고 싶은 일은?

1. _____
2. _____
3. _____

어떻게 하면 더 좋은 하루를 보낼 수 있을까?

1. _____
2. _____
3. _____

나를 위한 긍정의 한 줄은?

_____
_____

오늘 일어난 멋진 일 3가지는?

1. _____
2. _____
3. _____

무엇을 했더라면 오늘 하루가 더 만족스러웠을까?

_____
_____

DATE _____ / ____ / ____

젊은이는 규칙만을 알고 있지만,
나이든 이는 예외가 존재함을 알고 있다.
올리버 웬델 홈즈

지금 이 순간, 감사하고 싶은 일은?

1. _____
2. _____
3. _____

어떻게 하면 더 좋은 하루를 보낼 수 있을까?

1. _____
2. _____
3. _____

나를 위한 긍정의 한 줄은?

_____
_____

오늘 일어난 멋진 일 3가지는?

1. _____
2. _____
3. _____

무엇을 했더라면 오늘 하루가 더 만족스러웠을까?

_____
_____

DATE _____ / ____ / ____

완벽함을 기다리는 것은 한 걸음 내딛는 것보다
결코 더 영리하지 않다.
세스 고딘

지금 이 순간, 감사하고 싶은 일은?

1. _____
2. _____
3. _____

어떻게 하면 더 좋은 하루를 보낼 수 있을까?

1. _____
2. _____
3. _____

나를 위한 긍정의 한 줄은?

_____
_____

오늘 일어난 멋진 일 3가지는?

1. _____
2. _____
3. _____

무엇을 했더라면 오늘 하루가 더 만족스러웠을까?

_____
_____

DATE _____ / ____ / ____

궁금해 하는 것이 지혜의 시작이다.
그리스 속담

지금 이 순간, 감사하고 싶은 일은?

1. _____
2. _____
3. _____

어떻게 하면 더 좋은 하루를 보낼 수 있을까?

1. _____
2. _____
3. _____

나를 위한 긍정의 한 줄은?

_____
_____

오늘 일어난 멋진 일 3가지는?

1. _____
2. _____
3. _____

무엇을 했더라면 오늘 하루가 더 만족스러웠을까?

_____
_____

DATE _____ / _____ / _____

대부분의 문제를 해결하는 방법은
춤을 추는 것이다.
제임스 브라운

지금 이 순간, 감사하고 싶은 일은?

1. _____
2. _____
3. _____

어떻게 하면 더 좋은 하루를 보낼 수 있을까?

1. _____
2. _____
3. _____

나를 위한 긍정의 한 줄은?

_____
_____

오늘 일어난 멋진 일 3가지는?

1. _____
2. _____
3. _____

무엇을 했더라면 오늘 하루가 더 만족스러웠을까?

_____
_____

DATE _____ / ____ / ____

주간 도전 과제
낯선 사람, 또는 평소 별로 대화가 없던 사람과
하이파이브를 나눠라.

지금 이 순간, 감사하고 싶은 일은?

1. _____
2. _____
3. _____

어떻게 하면 더 좋은 하루를 보낼 수 있을까?

1. _____
2. _____
3. _____

나를 위한 긍정의 한 줄은?

_____
_____

오늘 일어난 멋진 일 3가지는?

1. _____
2. _____
3. _____

무엇을 했더라면 오늘 하루가 더 만족스러웠을까?

_____
_____

DATE _____ / ____ / ____

인생의 행복은 당신 생각의 질에 달려 있다.
마르쿠스 아우렐리우스

지금 이 순간, 감사하고 싶은 일은?

1. _____
2. _____
3. _____

어떻게 하면 더 좋은 하루를 보낼 수 있을까?

1. _____
2. _____
3. _____

나를 위한 긍정의 한 줄은?

_____
_____

오늘 일어난 멋진 일 3가지는?

1. _____
2. _____
3. _____

무엇을 했더라면 오늘 하루가 더 만족스러웠을까?

_____
_____

DATE _____ / _____ / _____

나를 격려하는 가장 좋은 방법은
다른 사람을 격려하는 일이다.
앨버트 아인슈타인

지금 이 순간, 감사하고 싶은 일은?

1. _____
2. _____
3. _____

어떻게 하면 더 좋은 하루를 보낼 수 있을까?

1. _____
2. _____
3. _____

나를 위한 긍정의 한 줄은?

_____
_____

오늘 일어난 멋진 일 3가지는?

1. _____
2. _____
3. _____

무엇을 했더라면 오늘 하루가 더 만족스러웠을까?

_____
_____

DATE _____ / ____ / ____

최악의 적이
당신의 두 귀 사이에 살지는 않는지 주의하라.
레어드 해밀턴

지금 이 순간, 감사하고 싶은 일은?

1. _____
2. _____
3. _____

어떻게 하면 더 좋은 하루를 보낼 수 있을까?

1. _____
2. _____
3. _____

나를 위한 긍정의 한 줄은?

_____
_____

오늘 일어난 멋진 일 3가지는?

1. _____
2. _____
3. _____

무엇을 했더라면 오늘 하루가 더 만족스러웠을까?

_____
_____

DATE _____ / ____ / ____

세상은 멋진 사람들로 가득하다.
만일 당신이 찾지 못했다면, 스스로 멋진 사람이 되어라.
니샨 팬워

지금 이 순간, 감사하고 싶은 일은?

1. _____
2. _____
3. _____

어떻게 하면 더 좋은 하루를 보낼 수 있을까?

1. _____
2. _____
3. _____

나를 위한 긍정의 한 줄은?

_____
_____

오늘 일어난 멋진 일 3가지는?

1. _____
2. _____
3. _____

무엇을 했더라면 오늘 하루가 더 만족스러웠을까?

_____
_____

DATE _____ / ____ / ____

주간 도전 과제
나에게 뜨거운 열정을 가져다주는 것은 무엇인가?
그 목록을 만들어보라.

지금 이 순간, 감사하고 싶은 일은?

1. _____
2. _____
3. _____

어떻게 하면 더 좋은 하루를 보낼 수 있을까?

1. _____
2. _____
3. _____

나를 위한 긍정의 한 줄은?

_____
_____

오늘 일어난 멋진 일 3가지는?

1. _____
2. _____
3. _____

무엇을 했더라면 오늘 하루가 더 만족스러웠을까?

_____
_____

DATE _____ / ____ / ____

당신은 '지금 이 순간'의 귀중함을 알아차리지 못한다.
그것이 각별한 경험이 되기 전에는.
닥터 수스

지금 이 순간, 감사하고 싶은 일은?

1. _____
2. _____
3. _____

어떻게 하면 더 좋은 하루를 보낼 수 있을까?

1. _____
2. _____
3. _____

나를 위한 긍정의 한 줄은?

_____
_____

오늘 일어난 멋진 일 3가지는?

1. _____
2. _____
3. _____

무엇을 했더라면 오늘 하루가 더 만족스러웠을까?

_____
_____

DATE _____ / ____ / ____

사랑의 힘이 힘에 대한 사랑보다 더 커질 때,
세상은 평화를 알게 될 것이다.
지미 헨드릭스

지금 이 순간, 감사하고 싶은 일은?

1. _____
2. _____
3. _____

어떻게 하면 더 좋은 하루를 보낼 수 있을까?

1. _____
2. _____
3. _____

나를 위한 긍정의 한 줄은?

_____
_____

오늘 일어난 멋진 일 3가지는?

1. _____
2. _____
3. _____

무엇을 했더라면 오늘 하루가 더 만족스러웠을까?

_____
_____

DATE ____ / ____ / ____

똑똑한 사람은 실수를 만들고, 그것에서 배우고, 그 실수를 되풀이하지 않는다.
하지만 현명한 사람은 똑똑한 사람을 찾고 그로부터
모든 실수를 피하는 방법을 배운다. 로이 윌리엄스

지금 이 순간, 감사하고 싶은 일은?

1. _____
2. _____
3. _____

어떻게 하면 더 좋은 하루를 보낼 수 있을까?

1. _____
2. _____
3. _____

나를 위한 긍정의 한 줄은?

_____
_____
_____

오늘 일어난 멋진 일 3가지는?

1. _____
2. _____
3. _____

무엇을 했더라면 오늘 하루가 더 만족스러웠을까?

_____
_____
_____

DATE _____ / ____ / ____

이 세상에 당신이 개선할 수 있는 확실한 것 한 가지는
당신 자신이다.
앨더스 헉슬리

지금 이 순간, 감사하고 싶은 일은?

1. _____
2. _____
3. _____

어떻게 하면 더 좋은 하루를 보낼 수 있을까?

1. _____
2. _____
3. _____

나를 위한 긍정의 한 줄은?

_____
_____

오늘 일어난 멋진 일 3가지는?

1. _____
2. _____
3. _____

무엇을 했더라면 오늘 하루가 더 만족스러웠을까?

_____
_____

DATE _____ / ____ / ____

지금 있는 곳에서 시작하라.
갖고 있는 것을 활용하라. 할 수 있는 것을 하라.
아서 애시

지금 이 순간, 감사하고 싶은 일은?

1. _____
2. _____
3. _____

어떻게 하면 더 좋은 하루를 보낼 수 있을까?

1. _____
2. _____
3. _____

나를 위한 긍정의 한 줄은?

_____
_____

오늘 일어난 멋진 일 3가지는?

1. _____
2. _____
3. _____

무엇을 했더라면 오늘 하루가 더 만족스러웠을까?

_____
_____

DATE _____ / ____ / ____

> 당신에게서 최선을 이끌어내며
> 행복감을 주는 사람들과 친구를 맺어라.
> **에픽테투스**

지금 이 순간, 감사하고 싶은 일은?

1. _____
2. _____
3. _____

어떻게 하면 더 좋은 하루를 보낼 수 있을까?

1. _____
2. _____
3. _____

나를 위한 긍정의 한 줄은?

_____
_____

오늘 일어난 멋진 일 3가지는?

1. _____
2. _____
3. _____

무엇을 했더라면 오늘 하루가 더 만족스러웠을까?

_____
_____

DATE _____ / _____ / _____

주간 도전 과제
한 번도 먹어보지 않은 음식이나 음료에 도전해보라.

지금 이 순간, 감사하고 싶은 일은?

1. _____
2. _____
3. _____

어떻게 하면 더 좋은 하루를 보낼 수 있을까?

1. _____
2. _____
3. _____

나를 위한 긍정의 한 줄은?

_____
_____

오늘 일어난 멋진 일 3가지는?

1. _____
2. _____
3. _____

무엇을 했더라면 오늘 하루가 더 만족스러웠을까?

_____
_____

DATE _____ / ____ / ____

당신을 더 이상 섬기거나, 성장시키거나, 행복하게 만들지 못하는 모든 것과
작별함으로써 자신을 충분히 존중하라.
로버트 튜

지금 이 순간, 감사하고 싶은 일은?

1. _____
2. _____
3. _____

어떻게 하면 더 좋은 하루를 보낼 수 있을까?

1. _____
2. _____
3. _____

나를 위한 긍정의 한 줄은?

_____
_____

오늘 일어난 멋진 일 3가지는?

1. _____
2. _____
3. _____

무엇을 했더라면 오늘 하루가 더 만족스러웠을까?

_____
_____

DATE _____ / _____ / _____

자연은 서두르지 않고도 모든 일을 해낸다.
노자

지금 이 순간, 감사하고 싶은 일은?

1. _____
2. _____
3. _____

어떻게 하면 더 좋은 하루를 보낼 수 있을까?

1. _____
2. _____
3. _____

나를 위한 긍정의 한 줄은?

_____
_____

오늘 일어난 멋진 일 3가지는?

1. _____
2. _____
3. _____

무엇을 했더라면 오늘 하루가 더 만족스러웠을까?

_____
_____

DATE _____ / ____ / ____

젊은이들은 노인들의 생각을 이해 못하는 게 당연하다.
하지만 젊음이 어떤 것인지 노인들이 이해하지 못한다면, 그것은 죄가 된다.
앨버스 덤블도어

지금 이 순간, 감사하고 싶은 일은?

1. _____
2. _____
3. _____

어떻게 하면 더 좋은 하루를 보낼 수 있을까?

1. _____
2. _____
3. _____

나를 위한 긍정의 한 줄은?

_____
_____

오늘 일어난 멋진 일 3가지는?

1. _____
2. _____
3. _____

무엇을 했더라면 오늘 하루가 더 만족스러웠을까?

_____
_____

DATE _____ / _____ / _____

꿈을 이루는 데 드는 시간 때문에 꿈을 절대 포기하지 말라.
시간은 어떻게든 지나간다.
얼 나이팅게일

지금 이 순간, 감사하고 싶은 일은?

1. _____
2. _____
3. _____

어떻게 하면 더 좋은 하루를 보낼 수 있을까?

1. _____
2. _____
3. _____

나를 위한 긍정의 한 줄은?

_____
_____

오늘 일어난 멋진 일 3가지는?

1. _____
2. _____
3. _____

무엇을 했더라면 오늘 하루가 더 만족스러웠을까?

_____
_____

DATE _____ / ____ / ____

인생의 작은 것들을 즐기다 보면 언젠가 당신이 뒤돌아보았을 때
그것들이 얼마나 큰 것이었는지를 깨닫게 될 것이다.
커트 보니것

지금 이 순간, 감사하고 싶은 일은?

1. _____
2. _____
3. _____

어떻게 하면 더 좋은 하루를 보낼 수 있을까?

1. _____
2. _____
3. _____

나를 위한 긍정의 한 줄은?

_____
_____

오늘 일어난 멋진 일 3가지는?

1. _____
2. _____
3. _____

무엇을 했더라면 오늘 하루가 더 만족스러웠을까?

_____
_____

DATE _____ / ____ / ____

눈에 보기 싫은 것은,
빛이나 안경을 통해서도 보이지 않는다.
독일 속담

지금 이 순간, 감사하고 싶은 일은?

1. _____
2. _____
3. _____

어떻게 하면 더 좋은 하루를 보낼 수 있을까?

1. _____
2. _____
3. _____

나를 위한 긍정의 한 줄은?

_____
_____

오늘 일어난 멋진 일 3가지는?

1. _____
2. _____
3. _____

무엇을 했더라면 오늘 하루가 더 만족스러웠을까?

_____
_____

DATE _____ / ____ / ____

주간 도전 과제

당신이 생각하는 성공의 정의를 노트에 써보라. 그런 다음
왜 그렇게 생각하는지도 함께 적어보라. 최소한 다섯 번 정도 이를 반복해보라.

지금 이 순간, 감사하고 싶은 일은?

1. _____
2. _____
3. _____

어떻게 하면 더 좋은 하루를 보낼 수 있을까?

1. _____
2. _____
3. _____

나를 위한 긍정의 한 줄은?

_____
_____

오늘 일어난 멋진 일 3가지는?

1. _____
2. _____
3. _____

무엇을 했더라면 오늘 하루가 더 만족스러웠을까?

_____
_____

DATE _____ / _____ / _____

밖에서 그토록 찾던 것이 당신 내면에 있음을 발견하면,
삶이 완전히 달라질 것이다.
마르쿠스 아우렐리우스

지금 이 순간, 감사하고 싶은 일은?

1. _____
2. _____
3. _____

어떻게 하면 더 좋은 하루를 보낼 수 있을까?

1. _____
2. _____
3. _____

나를 위한 긍정의 한 줄은?

_____
_____

오늘 일어난 멋진 일 3가지는?

1. _____
2. _____
3. _____

무엇을 했더라면 오늘 하루가 더 만족스러웠을까?

_____
_____

DATE _____ / _____ / _____

원한다면 당신은 모든 질문에 대한 답을 얻을 수 있다.
그러나 답을 알아버린 이상, 그것들을 다시 잊을 수는 없다.
닐 게이먼

지금 이 순간, 감사하고 싶은 일은?

1. _____
2. _____
3. _____

어떻게 하면 더 좋은 하루를 보낼 수 있을까?

1. _____
2. _____
3. _____

나를 위한 긍정의 한 줄은?

_____
_____

오늘 일어난 멋진 일 3가지는?

1. _____
2. _____
3. _____

무엇을 했더라면 오늘 하루가 더 만족스러웠을까?

_____
_____

DATE _____ / ____ / ____

당신이, 당신이 쓴 소설 속 영웅이 아니라면, 그 소설은 대체 무엇인가?
만일 그렇다면 당신은 많은 편집을 해야 한다.
테렌스 맥케나

지금 이 순간, 감사하고 싶은 일은?

1. _____
2. _____
3. _____

어떻게 하면 더 좋은 하루를 보낼 수 있을까?

1. _____
2. _____
3. _____

나를 위한 긍정의 한 줄은?

_____
_____

오늘 일어난 멋진 일 3가지는?

1. _____
2. _____
3. _____

무엇을 했더라면 오늘 하루가 더 만족스러웠을까?

_____
_____

DATE _____ / _____ / _____

인생의 모래시계에서 더 많은 모래가 빠져나갈수록,
우리는 그 모습을 더 명확히 쳐다보아야 한다.
니콜로 마키아벨리

지금 이 순간, 감사하고 싶은 일은?

1. _____
2. _____
3. _____

어떻게 하면 더 좋은 하루를 보낼 수 있을까?

1. _____
2. _____
3. _____

나를 위한 긍정의 한 줄은?

_____
_____

오늘 일어난 멋진 일 3가지는?

1. _____
2. _____
3. _____

무엇을 했더라면 오늘 하루가 더 만족스러웠을까?

_____
_____

DATE _____ / _____ / _____

행복은 여행의 한 방식일 뿐,
목적지가 아님을 기억하라.
로이 굿맨

지금 이 순간, 감사하고 싶은 일은?

1. _____
2. _____
3. _____

어떻게 하면 더 좋은 하루를 보낼 수 있을까?

1. _____
2. _____
3. _____

나를 위한 긍정의 한 줄은?

_____
_____

오늘 일어난 멋진 일 3가지는?

1. _____
2. _____
3. _____

무엇을 했더라면 오늘 하루가 더 만족스러웠을까?

_____
_____

DATE _____ / ____ / ____

주간 도전 과제
일주일 중 하루를 선택해
디지털 기기로부터 완전히 자유로워져라.

지금 이 순간, 감사하고 싶은 일은?

1. _____
2. _____
3. _____

어떻게 하면 더 좋은 하루를 보낼 수 있을까?

1. _____
2. _____
3. _____

나를 위한 긍정의 한 줄은?

_____
_____

오늘 일어난 멋진 일 3가지는?

1. _____
2. _____
3. _____

무엇을 했더라면 오늘 하루가 더 만족스러웠을까?

_____
_____

DATE _____ / ____ / ____

잡초도 꽃이다.
당신이 그것을 알아차리기 시작한다면.
A. A. 밀네

지금 이 순간, 감사하고 싶은 일은?

1. _____
2. _____
3. _____

어떻게 하면 더 좋은 하루를 보낼 수 있을까?

1. _____
2. _____
3. _____

나를 위한 긍정의 한 줄은?

_____
_____

오늘 일어난 멋진 일 3가지는?

1. _____
2. _____
3. _____

무엇을 했더라면 오늘 하루가 더 만족스러웠을까?

_____
_____

DATE _____ / ____ / ____

무슨 일이든, 좀처럼 수월해지지는 않겠지만
점점 값어치는 생길 것이다.
아트 윌리엄스

지금 이 순간, 감사하고 싶은 일은?

1. _____
2. _____
3. _____

어떻게 하면 더 좋은 하루를 보낼 수 있을까?

1. _____
2. _____
3. _____

나를 위한 긍정의 한 줄은?

_____
_____

오늘 일어난 멋진 일 3가지는?

1. _____
2. _____
3. _____

무엇을 했더라면 오늘 하루가 더 만족스러웠을까?

_____
_____

DATE _____ / ____ / ____

인생을 순전히 오락거리로만 보는 사람들은
핵심을 놓치고 있다.
조지 칼린

지금 이 순간, 감사하고 싶은 일은?

1. _____
2. _____
3. _____

어떻게 하면 더 좋은 하루를 보낼 수 있을까?

1. _____
2. _____
3. _____

나를 위한 긍정의 한 줄은?

_____
_____

오늘 일어난 멋진 일 3가지는?

1. _____
2. _____
3. _____

무엇을 했더라면 오늘 하루가 더 만족스러웠을까?

_____
_____

DATE _____ / ____ / ____

비방에 상처받지 마라.
아무도 그 비방꾼을 믿지 않게 되는 인생을 살라.
앙드레 루이즈

지금 이 순간, 감사하고 싶은 일은?

1. _____
2. _____
3. _____

어떻게 하면 더 좋은 하루를 보낼 수 있을까?

1. _____
2. _____
3. _____

나를 위한 긍정의 한 줄은?

_____
_____

오늘 일어난 멋진 일 3가지는?

1. _____
2. _____
3. _____

무엇을 했더라면 오늘 하루가 더 만족스러웠을까?

_____
_____

DATE _____ / ____ / ____

나는 언제나 내가 할 수 없는 것을 하면서,
내가 그것을 하기 위한 방법을 배울 수는 없을까 고민한다.
파블로 피카소

지금 이 순간, 감사하고 싶은 일은?

1. _____
2. _____
3. _____

어떻게 하면 더 좋은 하루를 보낼 수 있을까?

1. _____
2. _____
3. _____

나를 위한 긍정의 한 줄은?

_____
_____

오늘 일어난 멋진 일 3가지는?

1. _____
2. _____
3. _____

무엇을 했더라면 오늘 하루가 더 만족스러웠을까?

_____
_____

DATE _____ / ____ / ____

당신을 끊임없이 다른 누군가로 만들려는 세상에서
당신 자신이 되는 것은 가장 위대한 성취다.
랠프 왈도 에머슨

지금 이 순간, 감사하고 싶은 일은?

1. _____
2. _____
3. _____

어떻게 하면 더 좋은 하루를 보낼 수 있을까?

1. _____
2. _____
3. _____

나를 위한 긍정의 한 줄은?

_____
_____

오늘 일어난 멋진 일 3가지는?

1. _____
2. _____
3. _____

무엇을 했더라면 오늘 하루가 더 만족스러웠을까?

_____
_____

DATE _____ / ____ / ____

주간 도전 과제
나를 기분 좋게 만들어주는 것으로
무료한 일상을 치료해보라.

지금 이 순간, 감사하고 싶은 일은?

1. _____
2. _____
3. _____

어떻게 하면 더 좋은 하루를 보낼 수 있을까?

1. _____
2. _____
3. _____

나를 위한 긍정의 한 줄은?

_____
_____

오늘 일어난 멋진 일 3가지는?

1. _____
2. _____
3. _____

무엇을 했더라면 오늘 하루가 더 만족스러웠을까?

_____
_____

DATE _____ / _____ / _____

인생은 감정적인 경험이다.
거기에는 좋거나 나쁨이 존재하지 않는다.
알렉스 이콘

지금 이 순간, 감사하고 싶은 일은?

1. _____
2. _____
3. _____

어떻게 하면 더 좋은 하루를 보낼 수 있을까?

1. _____
2. _____
3. _____

나를 위한 긍정의 한 줄은?

_____
_____

오늘 일어난 멋진 일 3가지는?

1. _____
2. _____
3. _____

무엇을 했더라면 오늘 하루가 더 만족스러웠을까?

_____
_____

DATE _____ / ____ / ____

우리가 불안함에 분투하는 이유는 무대 뒤 우리 모습을
멋진 하이라이트 릴 영상 속의 주인공들과 비교하기 때문이다.
스티브 퍼틱

지금 이 순간, 감사하고 싶은 일은?

1. _____
2. _____
3. _____

어떻게 하면 더 좋은 하루를 보낼 수 있을까?

1. _____
2. _____
3. _____

나를 위한 긍정의 한 줄은?

_____
_____

오늘 일어난 멋진 일 3가지는?

1. _____
2. _____
3. _____

무엇을 했더라면 오늘 하루가 더 만족스러웠을까?

_____
_____

DATE _____ / _____ / _____

우주는 낯선 보석들을 우리 안에 깊이 묻어두고는,
우리가 그것들을 찾을 수 있을지 멀리 떨어져서 바라본다.
엘리자베스 길버트

지금 이 순간, 감사하고 싶은 일은?

1. _____
2. _____
3. _____

어떻게 하면 더 좋은 하루를 보낼 수 있을까?

1. _____
2. _____
3. _____

나를 위한 긍정의 한 줄은?

_____
_____

오늘 일어난 멋진 일 3가지는?

1. _____
2. _____
3. _____

무엇을 했더라면 오늘 하루가 더 만족스러웠을까?

_____
_____

DATE _____ / ____ / ____

그가 신사인지를 테스트하는 첫 번째 방법:
자신에게 아무런 이익도 줄 수 없을 것 같은 사람들을 존중하는지를 보라.
윌리엄 리온 펠프스

지금 이 순간, 감사하고 싶은 일은?

1. _____
2. _____
3. _____

어떻게 하면 더 좋은 하루를 보낼 수 있을까?

1. _____
2. _____
3. _____

나를 위한 긍정의 한 줄은?

_____
_____

오늘 일어난 멋진 일 3가지는?

1. _____
2. _____
3. _____

무엇을 했더라면 오늘 하루가 더 만족스러웠을까?

_____
_____

DATE _____ / ____ / ____

모두를 사랑하되 소수의 사람을 믿고
아무에게도 해를 끼치지 마라.
윌리엄 셰익스피어

지금 이 순간, 감사하고 싶은 일은?

1. _____
2. _____
3. _____

어떻게 하면 더 좋은 하루를 보낼 수 있을까?

1. _____
2. _____
3. _____

나를 위한 긍정의 한 줄은?

_____
_____

오늘 일어난 멋진 일 3가지는?

1. _____
2. _____
3. _____

무엇을 했더라면 오늘 하루가 더 만족스러웠을까?

_____
_____

DATE _____ / ____ / ____

인간이 자신의 이름을 알리지 않고도
이 세상에서 많은 선행을 할 수 있는 것은 아름답다.
스트릭랜드 신부

지금 이 순간, 감사하고 싶은 일은?

1. _____
2. _____
3. _____

어떻게 하면 더 좋은 하루를 보낼 수 있을까?

1. _____
2. _____
3. _____

나를 위한 긍정의 한 줄은?

_____
_____

오늘 일어난 멋진 일 3가지는?

1. _____
2. _____
3. _____

무엇을 했더라면 오늘 하루가 더 만족스러웠을까?

_____
_____

DATE _____ / ____ / ____

주간 도전 과제
일곱 살 때 가장 좋아했던 놀이는 무엇이었나?
오늘 그것을 해보라.

지금 이 순간, 감사하고 싶은 일은?

1. _____
2. _____
3. _____

어떻게 하면 더 좋은 하루를 보낼 수 있을까?

1. _____
2. _____
3. _____

나를 위한 긍정의 한 줄은?

_____
_____

오늘 일어난 멋진 일 3가지는?

1. _____
2. _____
3. _____

무엇을 했더라면 오늘 하루가 더 만족스러웠을까?

_____
_____

DATE _____ / ____ / ____

인생은 당신이 받지 못한 사과를 받아들이는 법을 배울 때
더 쉬워진다.
로버트 브라울트

지금 이 순간, 감사하고 싶은 일은?

1. _____
2. _____
3. _____

어떻게 하면 더 좋은 하루를 보낼 수 있을까?

1. _____
2. _____
3. _____

나를 위한 긍정의 한 줄은?

_____
_____

오늘 일어난 멋진 일 3가지는?

1. _____
2. _____
3. _____

무엇을 했더라면 오늘 하루가 더 만족스러웠을까?

_____
_____

DATE _____ / ____ / ____

이미 존재하는 상상의 질서를 바꾸기 위해 가장 먼저 할 일은
대안적인 상상의 질서를 믿는 것이다.
유발 노아 하라리

지금 이 순간, 감사하고 싶은 일은?

1. _____
2. _____
3. _____

어떻게 하면 더 좋은 하루를 보낼 수 있을까?

1. _____
2. _____
3. _____

나를 위한 긍정의 한 줄은?

_____
_____

오늘 일어난 멋진 일 3가지는?

1. _____
2. _____
3. _____

무엇을 했더라면 오늘 하루가 더 만족스러웠을까?

_____
_____

DATE _____ / ____ / ____

멀리 갈 것을 각오하는 사람들만이
아마도 한 인간이 얼마나 멀리 갈 수 있는지를 알게 될 것이다.
T. S. 엘리엇

지금 이 순간, 감사하고 싶은 일은?

1. _____
2. _____
3. _____

어떻게 하면 더 좋은 하루를 보낼 수 있을까?

1. _____
2. _____
3. _____

나를 위한 긍정의 한 줄은?

_____
_____

오늘 일어난 멋진 일 3가지는?

1. _____
2. _____
3. _____

무엇을 했더라면 오늘 하루가 더 만족스러웠을까?

_____
_____

DATE _____ / ____ / ____

때때로, 영위하는 것, 단지 영위하는 것이, 인간의 초인적인 성과다.
알베르 카뮈

지금 이 순간, 감사하고 싶은 일은?

1. _____
2. _____
3. _____

어떻게 하면 더 좋은 하루를 보낼 수 있을까?

1. _____
2. _____
3. _____

나를 위한 긍정의 한 줄은?

_____
_____

오늘 일어난 멋진 일 3가지는?

1. _____
2. _____
3. _____

무엇을 했더라면 오늘 하루가 더 만족스러웠을까?

_____
_____

DATE _____ / ____ / ____

돈은 사람들을 바꾸는 것이 아니라,
그들을 진짜 모습으로 존재하게 한다.
할아버지 심슨 Grandpa Simpson

지금 이 순간, 감사하고 싶은 일은?

1. _____
2. _____
3. _____

어떻게 하면 더 좋은 하루를 보낼 수 있을까?

1. _____
2. _____
3. _____

나를 위한 긍정의 한 줄은?

오늘 일어난 멋진 일 3가지는?

1. _____
2. _____
3. _____

무엇을 했더라면 오늘 하루가 더 만족스러웠을까?

DATE _____ / ____ / ____

주간 도전 과제
내가 살고 있는 곳 근처에 새로 생긴 카페나 식당을 방문하라.

지금 이 순간, 감사하고 싶은 일은?

1. _____
2. _____
3. _____

어떻게 하면 더 좋은 하루를 보낼 수 있을까?

1. _____
2. _____
3. _____

나를 위한 긍정의 한 줄은?

_____
_____

오늘 일어난 멋진 일 3가지는?

1. _____
2. _____
3. _____

무엇을 했더라면 오늘 하루가 더 만족스러웠을까?

_____
_____

DATE _____ / ____ / ____

게임이 끝나면,
왕과 졸은 모두 같은 상자 안으로 돌아간다.
이탈리아 속담

지금 이 순간, 감사하고 싶은 일은?

1. _____
2. _____
3. _____

어떻게 하면 더 좋은 하루를 보낼 수 있을까?

1. _____
2. _____
3. _____

나를 위한 긍정의 한 줄은?

_____
_____

오늘 일어난 멋진 일 3가지는?

1. _____
2. _____
3. _____

무엇을 했더라면 오늘 하루가 더 만족스러웠을까?

_____
_____

DATE _____ / _____ / _____

화가 났을 때 이야기하라.
그러면 당신은 후회 없는 명연설을 남기게 될 것이다.
앰브로즈 비어스

지금 이 순간, 감사하고 싶은 일은?

1. _____
2. _____
3. _____

어떻게 하면 더 좋은 하루를 보낼 수 있을까?

1. _____
2. _____
3. _____

나를 위한 긍정의 한 줄은?

_____
_____

오늘 일어난 멋진 일 3가지는?

1. _____
2. _____
3. _____

무엇을 했더라면 오늘 하루가 더 만족스러웠을까?

_____
_____

DATE _____ / ____ / ____

하루 20분간 앉아서 명상하라.
너무 바쁘지 않다면, 한 시간은 앉아야 한다.
젠 아다제

지금 이 순간, 감사하고 싶은 일은?

1. _____
2. _____
3. _____

어떻게 하면 더 좋은 하루를 보낼 수 있을까?

1. _____
2. _____
3. _____

나를 위한 긍정의 한 줄은?

_____
_____

오늘 일어난 멋진 일 3가지는?

1. _____
2. _____
3. _____

무엇을 했더라면 오늘 하루가 더 만족스러웠을까?

_____
_____

DATE _____ / ____ / ____

당신이 주인공인 이야기를 믿는다면
죽음은 단지 결말일 뿐이다.
조지프 핑크

지금 이 순간, 감사하고 싶은 일은?

1. _____
2. _____
3. _____

어떻게 하면 더 좋은 하루를 보낼 수 있을까?

1. _____
2. _____
3. _____

나를 위한 긍정의 한 줄은?

_____
_____

오늘 일어난 멋진 일 3가지는?

1. _____
2. _____
3. _____

무엇을 했더라면 오늘 하루가 더 만족스러웠을까?

_____
_____

DATE _____ / _____ / _____

가끔 나는 생각해, "친구가 뭘까?" 그리고 나는 답하지.
"친구는 마지막 남은 과자를 나눠 먹는 사람이야."

쿠키 몬스터

지금 이 순간, 감사하고 싶은 일은?

1. _____
2. _____
3. _____

어떻게 하면 더 좋은 하루를 보낼 수 있을까?

1. _____
2. _____
3. _____

나를 위한 긍정의 한 줄은?

_____
_____

오늘 일어난 멋진 일 3가지는?

1. _____
2. _____
3. _____

무엇을 했더라면 오늘 하루가 더 만족스러웠을까?

_____
_____

DATE _____ / ____ / ____

당신이 갖고 있는 재능이라면 무엇이든 사용하라.
만일 노래를 가장 잘하는 새만 노래를 불렀다면 숲은 매우 조용했을 것이다.
헨리 반 다이크

지금 이 순간, 감사하고 싶은 일은?

1. _____
2. _____
3. _____

어떻게 하면 더 좋은 하루를 보낼 수 있을까?

1. _____
2. _____
3. _____

나를 위한 긍정의 한 줄은?

_____
_____

오늘 일어난 멋진 일 3가지는?

1. _____
2. _____
3. _____

무엇을 했더라면 오늘 하루가 더 만족스러웠을까?

_____
_____

DATE _____ / ____ / ____

주간 도전 과제
친구, 가족, 또는 상사에게
당신을 변화시킬 피드백을 요청하라.

지금 이 순간, 감사하고 싶은 일은?

1. _____
2. _____
3. _____

어떻게 하면 더 좋은 하루를 보낼 수 있을까?

1. _____
2. _____
3. _____

나를 위한 긍정의 한 줄은?

_____
_____

오늘 일어난 멋진 일 3가지는?

1. _____
2. _____
3. _____

무엇을 했더라면 오늘 하루가 더 만족스러웠을까?

_____
_____

DATE _____ / ____ / ____

> 겸손은 당신을 낮게 평가하는 것이 아니다.
> 겸손은 당신에 대해 덜 생각하는 것이다.
> C. S. 루이스

지금 이 순간, 감사하고 싶은 일은?

1. _____
2. _____
3. _____

어떻게 하면 더 좋은 하루를 보낼 수 있을까?

1. _____
2. _____
3. _____

나를 위한 긍정의 한 줄은?

_____
_____

오늘 일어난 멋진 일 3가지는?

1. _____
2. _____
3. _____

무엇을 했더라면 오늘 하루가 더 만족스러웠을까?

_____
_____

DATE _____ / ____ / ____

타인에게 잘하는 사람은
자기 자신에게도 잘한다.
세네카

지금 이 순간, 감사하고 싶은 일은?

1. _____
2. _____
3. _____

어떻게 하면 더 좋은 하루를 보낼 수 있을까?

1. _____
2. _____
3. _____

나를 위한 긍정의 한 줄은?

오늘 일어난 멋진 일 3가지는?

1. _____
2. _____
3. _____

무엇을 했더라면 오늘 하루가 더 만족스러웠을까?

DATE _____ / _____ / _____

행복은 나비와 같다. 좇을수록 당신을 피해갈 뿐이지만,
다른 것들로 관심을 돌린다면 어느새 어깨 위에 부드럽게 내려앉을 것이다.
헨리 데이비드 소로우

지금 이 순간, 감사하고 싶은 일은?

1. _____
2. _____
3. _____

어떻게 하면 더 좋은 하루를 보낼 수 있을까?

1. _____
2. _____
3. _____

나를 위한 긍정의 한 줄은?

_____
_____

오늘 일어난 멋진 일 3가지는?

1. _____
2. _____
3. _____

무엇을 했더라면 오늘 하루가 더 만족스러웠을까?

_____
_____

DATE _____ / ____ / ____

현자는 갖지 못한 것들에 슬퍼하지 않고,
가진 것들에 크게 기뻐한다.
에픽테토스

지금 이 순간, 감사하고 싶은 일은?

1. _____
2. _____
3. _____

어떻게 하면 더 좋은 하루를 보낼 수 있을까?

1. _____
2. _____
3. _____

나를 위한 긍정의 한 줄은?

_____
_____

오늘 일어난 멋진 일 3가지는?

1. _____
2. _____
3. _____

무엇을 했더라면 오늘 하루가 더 만족스러웠을까?

_____
_____

DATE _____ / ____ / ____

미래를 불안해하지 마라. 당신이 지금 현재를 대하는 바로 그 이성으로
무장하고 미래와 만나게 될 것이기 때문이다.
마르쿠스 아우렐리우스

지금 이 순간, 감사하고 싶은 일은?

1. _____
2. _____
3. _____

어떻게 하면 더 좋은 하루를 보낼 수 있을까?

1. _____
2. _____
3. _____

나를 위한 긍정의 한 줄은?

_____
_____

오늘 일어난 멋진 일 3가지는?

1. _____
2. _____
3. _____

무엇을 했더라면 오늘 하루가 더 만족스러웠을까?

_____
_____

DATE _____ / ____ / ____

주간 도전 과제
갖고 있는 책들 중 읽다가 포기한 가장 두꺼운 책을 완독하라.

지금 이 순간, 감사하고 싶은 일은?

1. _____
2. _____
3. _____

어떻게 하면 더 좋은 하루를 보낼 수 있을까?

1. _____
2. _____
3. _____

나를 위한 긍정의 한 줄은?

_____
_____

오늘 일어난 멋진 일 3가지는?

1. _____
2. _____
3. _____

무엇을 했더라면 오늘 하루가 더 만족스러웠을까?

_____
_____

DATE _____ / ____ / ____

당신의 선택이 두려움이 아닌 희망을 나타내기를.
넬슨 만델라

지금 이 순간, 감사하고 싶은 일은?

1. _____
2. _____
3. _____

어떻게 하면 더 좋은 하루를 보낼 수 있을까?

1. _____
2. _____
3. _____

나를 위한 긍정의 한 줄은?

_____
_____

오늘 일어난 멋진 일 3가지는?

1. _____
2. _____
3. _____

무엇을 했더라면 오늘 하루가 더 만족스러웠을까?

_____
_____

DATE _____ / _____ / _____

그것이 불가능하다고 말하는 사람들은,
최소한 그것을 하는 사람들을 방해하지는 말아야 한다.

중국 속담

지금 이 순간, 감사하고 싶은 일은?

1. _____
2. _____
3. _____

어떻게 하면 더 좋은 하루를 보낼 수 있을까?

1. _____
2. _____
3. _____

나를 위한 긍정의 한 줄은?

_____
_____

오늘 일어난 멋진 일 3가지는?

1. _____
2. _____
3. _____

무엇을 했더라면 오늘 하루가 더 만족스러웠을까?

_____
_____

DATE _____ / ____ / ____

사람들은 대부분 1년에 자신이 얼마나 많은 일을 할 수 있는지는
과대평가하지만, 자신이 10년 안에 무엇을 할 수 있을지는 과소평가한다.
빌 게이츠

지금 이 순간, 감사하고 싶은 일은?

1. _____
2. _____
3. _____

어떻게 하면 더 좋은 하루를 보낼 수 있을까?

1. _____
2. _____
3. _____

나를 위한 긍정의 한 줄은?

_____
_____

오늘 일어난 멋진 일 3가지는?

1. _____
2. _____
3. _____

무엇을 했더라면 오늘 하루가 더 만족스러웠을까?

_____
_____

DATE _____ / ____ / ____

당신이 몇 분의 시간을 돌볼 수 있다면
세월은 그 스스로를 돌볼 것이다.
티베트 속담

지금 이 순간, 감사하고 싶은 일은?

1. _____
2. _____
3. _____

어떻게 하면 더 좋은 하루를 보낼 수 있을까?

1. _____
2. _____
3. _____

나를 위한 긍정의 한 줄은?

_____
_____

오늘 일어난 멋진 일 3가지는?

1. _____
2. _____
3. _____

무엇을 했더라면 오늘 하루가 더 만족스러웠을까?

_____
_____

DATE _____ / ____ / ____

평범함은 환상이다.
거미에게는 평범한 것이 파리에게는 혼란이다.
몰티시아 아담스

지금 이 순간, 감사하고 싶은 일은?

1. _____
2. _____
3. _____

어떻게 하면 더 좋은 하루를 보낼 수 있을까?

1. _____
2. _____
3. _____

나를 위한 긍정의 한 줄은?

_____
_____

오늘 일어난 멋진 일 3가지는?

1. _____
2. _____
3. _____

무엇을 했더라면 오늘 하루가 더 만족스러웠을까?

_____
_____

DATE _____ / ____ / ____

우리는 장미덤불에 가시가 있다고 불평할 수도 있고,
가시덤불에 장미가 있다고 기뻐할 수도 있다.
오스카 와일드

지금 이 순간, 감사하고 싶은 일은?

1. _____
2. _____
3. _____

어떻게 하면 더 좋은 하루를 보낼 수 있을까?

1. _____
2. _____
3. _____

나를 위한 긍정의 한 줄은?

_____
_____

오늘 일어난 멋진 일 3가지는?

1. _____
2. _____
3. _____

무엇을 했더라면 오늘 하루가 더 만족스러웠을까?

_____
_____

DATE _____ / ____ / ____

너무 많은 사람들이 스스로 옳은 사람이 되기보다는
옳은 사람을 찾아가 기대려 한다.
글로리아 스타이넘

지금 이 순간, 감사하고 싶은 일은?

1. _____
2. _____
3. _____

어떻게 하면 더 좋은 하루를 보낼 수 있을까?

1. _____
2. _____
3. _____

나를 위한 긍정의 한 줄은?

_____
_____

오늘 일어난 멋진 일 3가지는?

1. _____
2. _____
3. _____

무엇을 했더라면 오늘 하루가 더 만족스러웠을까?

_____
_____

DATE _____ / ____ / ____

주간 도전 과제
구글에서 '설탕의 해악'을 검색해보라.
그리고 설탕 없는 하루를 보내보라.

지금 이 순간, 감사하고 싶은 일은?

1. _____
2. _____
3. _____

어떻게 하면 더 좋은 하루를 보낼 수 있을까?

1. _____
2. _____
3. _____

나를 위한 긍정의 한 줄은?

_____
_____

오늘 일어난 멋진 일 3가지는?

1. _____
2. _____
3. _____

무엇을 했더라면 오늘 하루가 더 만족스러웠을까?

_____
_____

DATE _____ / ____ / ____

감사는 우리 스스로가 주조할 수 있고
파산의 위험 없이 쓸 수 있는 화폐다.
프레드 드 위트 반 엠버흐

지금 이 순간, 감사하고 싶은 일은?

1. _____
2. _____
3. _____

어떻게 하면 더 좋은 하루를 보낼 수 있을까?

1. _____
2. _____
3. _____

나를 위한 긍정의 한 줄은?

_____
_____

오늘 일어난 멋진 일 3가지는?

1. _____
2. _____
3. _____

무엇을 했더라면 오늘 하루가 더 만족스러웠을까?

_____
_____

DATE _____ / ____ / ____

움직이지 않는 사람들은,
자신을 묶어놓은 사슬을 눈치 채지 못한다.
로자 룩셈부르크

지금 이 순간, 감사하고 싶은 일은?

1. _____
2. _____
3. _____

어떻게 하면 더 좋은 하루를 보낼 수 있을까?

1. _____
2. _____
3. _____

나를 위한 긍정의 한 줄은?

_____
_____

오늘 일어난 멋진 일 3가지는?

1. _____
2. _____
3. _____

무엇을 했더라면 오늘 하루가 더 만족스러웠을까?

_____
_____

DATE _____ / ____ / ____

만일 당신이 누군가를 기둥 위에 올려놓으면
그는 당신을 내려다볼 수밖에 없을 것이다.
존 프레코

지금 이 순간, 감사하고 싶은 일은?

1. _____
2. _____
3. _____

어떻게 하면 더 좋은 하루를 보낼 수 있을까?

1. _____
2. _____
3. _____

나를 위한 긍정의 한 줄은?

_____
_____

오늘 일어난 멋진 일 3가지는?

1. _____
2. _____
3. _____

무엇을 했더라면 오늘 하루가 더 만족스러웠을까?

_____
_____

DATE _____ / ____ / ____

빛에는 빛을 갖다 대면 아무것도 얻지 못한다. 어둠을 어둠에 갖다 대면 아무것도 얻지 못한다. 빛과 어둠의 명암만이 서로에게 의미를 갖는 것이다.
밥 로스

지금 이 순간, 감사하고 싶은 일은?

1. _____
2. _____
3. _____

어떻게 하면 더 좋은 하루를 보낼 수 있을까?

1. _____
2. _____
3. _____

나를 위한 긍정의 한 줄은?

_____
_____

오늘 일어난 멋진 일 3가지는?

1. _____
2. _____
3. _____

무엇을 했더라면 오늘 하루가 더 만족스러웠을까?

_____
_____

DATE _____ / ____ / ____

나이 드는 것을 불평하지 마라.
많은 사람들에게 주어지지 않은 특권이니까.
마크 트웨인

지금 이 순간, 감사하고 싶은 일은?

1. _____
2. _____
3. _____

어떻게 하면 더 좋은 하루를 보낼 수 있을까?

1. _____
2. _____
3. _____

나를 위한 긍정의 한 줄은?

_____
_____

오늘 일어난 멋진 일 3가지는?

1. _____
2. _____
3. _____

무엇을 했더라면 오늘 하루가 더 만족스러웠을까?

_____
_____

DATE _____ / _____ / _____

> 우리는, 우리 자신은 의도를 통해 판단하고
> 타인들에 대해서는 그들의 행동을 통해 판단한다.
> 스티븐 코비

지금 이 순간, 감사하고 싶은 일은?

1. _____
2. _____
3. _____

어떻게 하면 더 좋은 하루를 보낼 수 있을까?

1. _____
2. _____
3. _____

나를 위한 긍정의 한 줄은?

_____
_____

오늘 일어난 멋진 일 3가지는?

1. _____
2. _____
3. _____

무엇을 했더라면 오늘 하루가 더 만족스러웠을까?

_____
_____

DATE _____ / ____ / ____

주간 도전 과제
원하는 새로운 취미가 있는가?
오늘 30분을 할애해 그것을 어떻게 시작할지 궁리해보라.

지금 이 순간, 감사하고 싶은 일은?

1. _____
2. _____
3. _____

어떻게 하면 더 좋은 하루를 보낼 수 있을까?

1. _____
2. _____
3. _____

나를 위한 긍정의 한 줄은?

_____
_____

오늘 일어난 멋진 일 3가지는?

1. _____
2. _____
3. _____

무엇을 했더라면 오늘 하루가 더 만족스러웠을까?

_____
_____

DATE _____ / ____ / ____

스스로는 가볍게,
세상은 깊게 생각하라.
미야모토 무사시

지금 이 순간, 감사하고 싶은 일은?

1. _____
2. _____
3. _____

어떻게 하면 더 좋은 하루를 보낼 수 있을까?

1. _____
2. _____
3. _____

나를 위한 긍정의 한 줄은?

_____
_____

오늘 일어난 멋진 일 3가지는?

1. _____
2. _____
3. _____

무엇을 했더라면 오늘 하루가 더 만족스러웠을까?

_____
_____

DATE _____ / ____ / ____

당신이 태어났을 때는 혼자 울었고 세상은 기뻐했다.
당신이 죽었을 때 세상은 울고 당신은 기뻐하는 인생을 살라.
인디언 속담

지금 이 순간, 감사하고 싶은 일은?

1. _____
2. _____
3. _____

어떻게 하면 더 좋은 하루를 보낼 수 있을까?

1. _____
2. _____
3. _____

나를 위한 긍정의 한 줄은?

_____
_____

오늘 일어난 멋진 일 3가지는?

1. _____
2. _____
3. _____

무엇을 했더라면 오늘 하루가 더 만족스러웠을까?

_____
_____

DATE _____ / ____ / ____

인생은 당신보다 크다.
인생은 소유하는 뭔가가 아니라, 참여하고 목격하는 것이다.
루이스 C. K.

지금 이 순간, 감사하고 싶은 일은?

1. _____
2. _____
3. _____

어떻게 하면 더 좋은 하루를 보낼 수 있을까?

1. _____
2. _____
3. _____

나를 위한 긍정의 한 줄은?

_____
_____

오늘 일어난 멋진 일 3가지는?

1. _____
2. _____
3. _____

무엇을 했더라면 오늘 하루가 더 만족스러웠을까?

_____
_____

DATE _____ / _____ / _____

음악 없는 삶은 잘못된 삶이다.
니체

지금 이 순간, 감사하고 싶은 일은?

1. _____
2. _____
3. _____

어떻게 하면 더 좋은 하루를 보낼 수 있을까?

1. _____
2. _____
3. _____

나를 위한 긍정의 한 줄은?

_____
_____

오늘 일어난 멋진 일 3가지는?

1. _____
2. _____
3. _____

무엇을 했더라면 오늘 하루가 더 만족스러웠을까?

_____
_____

DATE _____ / ____ / ____

인생은 기계적으로 반복된다.
당신이 깨어있지 않는 한, 바퀴처럼 반복해서 굴러갈 것이다.
<u>오쇼</u>

지금 이 순간, 감사하고 싶은 일은?

1. _____
2. _____
3. _____

어떻게 하면 더 좋은 하루를 보낼 수 있을까?

1. _____
2. _____
3. _____

나를 위한 긍정의 한 줄은?

_____
_____

오늘 일어난 멋진 일 3가지는?

1. _____
2. _____
3. _____

무엇을 했더라면 오늘 하루가 더 만족스러웠을까?

_____
_____

DATE _____ / _____ / _____

종종 살아가는 것 그 자체가 용기가 될 때도 있다.
세네카

지금 이 순간, 감사하고 싶은 일은?

1. _____
2. _____
3. _____

어떻게 하면 더 좋은 하루를 보낼 수 있을까?

1. _____
2. _____
3. _____

나를 위한 긍정의 한 줄은?

_____
_____

오늘 일어난 멋진 일 3가지는?

1. _____
2. _____
3. _____

무엇을 했더라면 오늘 하루가 더 만족스러웠을까?

_____
_____

DATE _____ / ____ / ____

주간 도전 과제
방 또는 책상을 다시 꾸며보라.

지금 이 순간, 감사하고 싶은 일은?

1. _____
2. _____
3. _____

어떻게 하면 더 좋은 하루를 보낼 수 있을까?

1. _____
2. _____
3. _____

나를 위한 긍정의 한 줄은?

_____
_____

오늘 일어난 멋진 일 3가지는?

1. _____
2. _____
3. _____

무엇을 했더라면 오늘 하루가 더 만족스러웠을까?

_____
_____

DATE _____ / ____ / ____

아는 것만으로는 충분하지 않다. 실천해야 한다.
의지만으로는 충분하지 않다. 해야 한다.
이소룡

지금 이 순간, 감사하고 싶은 일은?

1. _____
2. _____
3. _____

어떻게 하면 더 좋은 하루를 보낼 수 있을까?

1. _____
2. _____
3. _____

나를 위한 긍정의 한 줄은?

_____
_____

오늘 일어난 멋진 일 3가지는?

1. _____
2. _____
3. _____

무엇을 했더라면 오늘 하루가 더 만족스러웠을까?

_____
_____

DATE _____ / ____ / ____

미친 짓이란, 똑같은 일을 반복하면서
다른 결과를 기대하는 것을 말한다.
앨버트 아인슈타인

지금 이 순간, 감사하고 싶은 일은?

1. _____
2. _____
3. _____

어떻게 하면 더 좋은 하루를 보낼 수 있을까?

1. _____
2. _____
3. _____

나를 위한 긍정의 한 줄은?

_____
_____

오늘 일어난 멋진 일 3가지는?

1. _____
2. _____
3. _____

무엇을 했더라면 오늘 하루가 더 만족스러웠을까?

_____
_____

DATE _____ / ____ / ____

아침에 일어났을 때, 살아있다는 것—숨쉬고, 생각하고, 즐기고,
사랑하는 것—이 얼마나 소중한 특권인지에 대해 생각하라.
마르쿠스 아우렐리우스

지금 이 순간, 감사하고 싶은 일은?

1. _____
2. _____
3. _____

어떻게 하면 더 좋은 하루를 보낼 수 있을까?

1. _____
2. _____
3. _____

나를 위한 긍정의 한 줄은?

_____
_____

오늘 일어난 멋진 일 3가지는?

1. _____
2. _____
3. _____

무엇을 했더라면 오늘 하루가 더 만족스러웠을까?

_____
_____

DATE _____ / ____ / ____

당신의 선택들이 인생을 좌우한다.
현명하게 선택하라.
미미 이콘

지금 이 순간, 감사하고 싶은 일은?

1. _____
2. _____
3. _____

어떻게 하면 더 좋은 하루를 보낼 수 있을까?

1. _____
2. _____
3. _____

나를 위한 긍정의 한 줄은?

_____
_____

오늘 일어난 멋진 일 3가지는?

1. _____
2. _____
3. _____

무엇을 했더라면 오늘 하루가 더 만족스러웠을까?

_____
_____

DATE _____ / ____ / ____

당신이 누군가를 향해 미소 지을 때, 그것은 사랑의 표현이자
그 사람에게 주는 선물이고, 그 자체로 아름다운 것이다.
마더 테레사

지금 이 순간, 감사하고 싶은 일은?

1. _____
2. _____
3. _____

어떻게 하면 더 좋은 하루를 보낼 수 있을까?

1. _____
2. _____
3. _____

나를 위한 긍정의 한 줄은?

_____
_____

오늘 일어난 멋진 일 3가지는?

1. _____
2. _____
3. _____

무엇을 했더라면 오늘 하루가 더 만족스러웠을까?

_____
_____

DATE _____ / _____ / _____

관심은 사랑의 가장 기본적인 형태다. 관심을 가짐으로써 우리는 삶에서 감명을 받고, 우리의 마음은 자연스럽게 열리고 더 교감한다.
타라 브랙

지금 이 순간, 감사하고 싶은 일은?

1. _____
2. _____
3. _____

어떻게 하면 더 좋은 하루를 보낼 수 있을까?

1. _____
2. _____
3. _____

나를 위한 긍정의 한 줄은?

_____
_____

오늘 일어난 멋진 일 3가지는?

1. _____
2. _____
3. _____

무엇을 했더라면 오늘 하루가 더 만족스러웠을까?

_____
_____

DATE _____ / ____ / ____

주간 도전 과제
내 인생 최고의 영화는 무엇이었나?
그걸 다시 관람토록 하라.

지금 이 순간, 감사하고 싶은 일은?

1. _____
2. _____
3. _____

어떻게 하면 더 좋은 하루를 보낼 수 있을까?

1. _____
2. _____
3. _____

나를 위한 긍정의 한 줄은?

_____
_____

오늘 일어난 멋진 일 3가지는?

1. _____
2. _____
3. _____

무엇을 했더라면 오늘 하루가 더 만족스러웠을까?

_____
_____

DATE _____ / ____ / ____

내가 경험을 통해 말할 수 있는 것은,
당신이 타인에게 가지는 영향력이 가장 중요한 통화 가치라는 것이다.
짐 캐리

지금 이 순간, 감사하고 싶은 일은?

1. _____
2. _____
3. _____

어떻게 하면 더 좋은 하루를 보낼 수 있을까?

1. _____
2. _____
3. _____

나를 위한 긍정의 한 줄은?

_____
_____

오늘 일어난 멋진 일 3가지는?

1. _____
2. _____
3. _____

무엇을 했더라면 오늘 하루가 더 만족스러웠을까?

_____
_____

DATE _____ / ____ / ____

세 단어로 나는 내가 인생에서 배운 모든 것을 압축할 수 있다.
'삶은, 계속, 된다.'
로버트 프로스트

지금 이 순간, 감사하고 싶은 일은?

1. _____
2. _____
3. _____

어떻게 하면 더 좋은 하루를 보낼 수 있을까?

1. _____
2. _____
3. _____

나를 위한 긍정의 한 줄은?

_____
_____

오늘 일어난 멋진 일 3가지는?

1. _____
2. _____
3. _____

무엇을 했더라면 오늘 하루가 더 만족스러웠을까?

_____
_____

DATE _____ / ____ / ____

내가 아는 가장 교양 있는 사람들의 내면은
모두 어린아이이다.
짐 헨슨

지금 이 순간, 감사하고 싶은 일은?

1. _____
2. _____
3. _____

어떻게 하면 더 좋은 하루를 보낼 수 있을까?

1. _____
2. _____
3. _____

나를 위한 긍정의 한 줄은?

_____
_____

오늘 일어난 멋진 일 3가지는?

1. _____
2. _____
3. _____

무엇을 했더라면 오늘 하루가 더 만족스러웠을까?

_____
_____

DATE _____ / ____ / ____

모든 리더는 두 가지를 갖춰야 한다.
세상에 아직 존재하지 않는 비전과 이를 세상과 소통하는 능력이다.
사이먼 사이넥

지금 이 순간, 감사하고 싶은 일은?

1. _____
2. _____
3. _____

어떻게 하면 더 좋은 하루를 보낼 수 있을까?

1. _____
2. _____
3. _____

나를 위한 긍정의 한 줄은?

_____
_____

오늘 일어난 멋진 일 3가지는?

1. _____
2. _____
3. _____

무엇을 했더라면 오늘 하루가 더 만족스러웠을까?

_____
_____

DATE _____ / ____ / ____

우리가 어둠을 탐험할 수 있을 만큼 충분히 용기를 낼 때만이
우리는 빛의 영원한 힘을 발견하게 될 것이다.
브레네 브라운

지금 이 순간, 감사하고 싶은 일은?

1. _____
2. _____
3. _____

어떻게 하면 더 좋은 하루를 보낼 수 있을까?

1. _____
2. _____
3. _____

나를 위한 긍정의 한 줄은?

_____
_____

오늘 일어난 멋진 일 3가지는?

1. _____
2. _____
3. _____

무엇을 했더라면 오늘 하루가 더 만족스러웠을까?

_____
_____

DATE _____ / _____ / _____

주간 도전 과제
가장 가까운 동물 보호 센터를 방문하라.
그곳에서 내가 도울 수 있는 일을 찾아보라.

지금 이 순간, 감사하고 싶은 일은?

1. _____
2. _____
3. _____

어떻게 하면 더 좋은 하루를 보낼 수 있을까?

1. _____
2. _____
3. _____

나를 위한 긍정의 한 줄은?

_____
_____

오늘 일어난 멋진 일 3가지는?

1. _____
2. _____
3. _____

무엇을 했더라면 오늘 하루가 더 만족스러웠을까?

_____
_____

DATE _____ / ____ / ____

피아노 연주이든 명상이든 간에, 모든 배움의 동행은 끈기, 인내심 그리고 조직적인 훈련이다.
잭 콘필드

지금 이 순간, 감사하고 싶은 일은?

1. _____
2. _____
3. _____

어떻게 하면 더 좋은 하루를 보낼 수 있을까?

1. _____
2. _____
3. _____

나를 위한 긍정의 한 줄은?

_____
_____

오늘 일어난 멋진 일 3가지는?

1. _____
2. _____
3. _____

무엇을 했더라면 오늘 하루가 더 만족스러웠을까?

_____
_____

DATE _____ / _____ / _____

당신이 들어가기를 두려워하는 동굴이
당신이 찾는 보물을 숨기고 있다.
조지프 캠벨

지금 이 순간, 감사하고 싶은 일은?

1. _____
2. _____
3. _____

어떻게 하면 더 좋은 하루를 보낼 수 있을까?

1. _____
2. _____
3. _____

나를 위한 긍정의 한 줄은?

_____
_____

오늘 일어난 멋진 일 3가지는?

1. _____
2. _____
3. _____

무엇을 했더라면 오늘 하루가 더 만족스러웠을까?

_____
_____

DATE _____ / ____ / ____

계획을 세우는 데 실패하면,
결국 실패할 수밖에 없다.
벤저민 프랭클린

지금 이 순간, 감사하고 싶은 일은?

1. _____
2. _____
3. _____

어떻게 하면 더 좋은 하루를 보낼 수 있을까?

1. _____
2. _____
3. _____

나를 위한 긍정의 한 줄은?

_____
_____

오늘 일어난 멋진 일 3가지는?

1. _____
2. _____
3. _____

무엇을 했더라면 오늘 하루가 더 만족스러웠을까?

_____
_____

DATE _____ / ____ / ____

진정한 감사의 선물은 당신이 더 감사해할수록
당신이 더 생생하게 존재하게 된다는 것이다.
로버트 홀덴

지금 이 순간, 감사하고 싶은 일은?

1. _____
2. _____
3. _____

어떻게 하면 더 좋은 하루를 보낼 수 있을까?

1. _____
2. _____
3. _____

나를 위한 긍정의 한 줄은?

_____
_____

오늘 일어난 멋진 일 3가지는?

1. _____
2. _____
3. _____

무엇을 했더라면 오늘 하루가 더 만족스러웠을까?

_____
_____

DATE _____ / ____ / ____

어느 날, 아침에 일어났을 때 당신은 항상 하고 싶었던 일들을 할 시간이 별로 남지 않았음을 알게 될 것이다. 지금 하라.

파울로 코엘료

지금 이 순간, 감사하고 싶은 일은?

1. _____
2. _____
3. _____

어떻게 하면 더 좋은 하루를 보낼 수 있을까?

1. _____
2. _____
3. _____

나를 위한 긍정의 한 줄은?

_____
_____

오늘 일어난 멋진 일 3가지는?

1. _____
2. _____
3. _____

무엇을 했더라면 오늘 하루가 더 만족스러웠을까?

_____
_____

DATE _____ / ____ / ____

> 점진적인 성장이 지연된 완벽함보다 낫다.
> 마크 트웨인

지금 이 순간, 감사하고 싶은 일은?

1. _____
2. _____
3. _____

어떻게 하면 더 좋은 하루를 보낼 수 있을까?

1. _____
2. _____
3. _____

나를 위한 긍정의 한 줄은?

_____
_____

오늘 일어난 멋진 일 3가지는?

1. _____
2. _____
3. _____

무엇을 했더라면 오늘 하루가 더 만족스러웠을까?

_____
_____

DATE _____ / ____ / ____

주간 도전 과제
가장 본받고 싶은 인물들의 리스트를 작성하라.
최대한 그들과 연락하라.

지금 이 순간, 감사하고 싶은 일은?

1. _____
2. _____
3. _____

어떻게 하면 더 좋은 하루를 보낼 수 있을까?

1. _____
2. _____
3. _____

나를 위한 긍정의 한 줄은?

_____
_____

오늘 일어난 멋진 일 3가지는?

1. _____
2. _____
3. _____

무엇을 했더라면 오늘 하루가 더 만족스러웠을까?

_____
_____

DATE _____ / _____ / _____

> 우리가 두려움 때문에 못하는 일은 대부분
> 우리에게 가장 필요한 것이다.
> **팀 페리스**

지금 이 순간, 감사하고 싶은 일은?

1. _____
2. _____
3. _____

어떻게 하면 더 좋은 하루를 보낼 수 있을까?

1. _____
2. _____
3. _____

나를 위한 긍정의 한 줄은?

_____
_____

오늘 일어난 멋진 일 3가지는?

1. _____
2. _____
3. _____

무엇을 했더라면 오늘 하루가 더 만족스러웠을까?

_____
_____

DATE _____ / _____ / _____

기쁨은 우리 스스로가 세상이 얼마나 좋은지를 깨닫는
마음의 문을 열 때 생겨난다.
매리언 윌리엄슨

지금 이 순간, 감사하고 싶은 일은?

1. _____
2. _____
3. _____

어떻게 하면 더 좋은 하루를 보낼 수 있을까?

1. _____
2. _____
3. _____

나를 위한 긍정의 한 줄은?

_____
_____

오늘 일어난 멋진 일 3가지는?

1. _____
2. _____
3. _____

무엇을 했더라면 오늘 하루가 더 만족스러웠을까?

_____
_____

DATE _____ / ____ / ____

더 많은 시간을 찌푸리는 대신 미소 짓고,
더 많은 시간을 비난 대신 칭찬하는 데 써라.
리처드 브랜슨

지금 이 순간, 감사하고 싶은 일은?

1. _____
2. _____
3. _____

어떻게 하면 더 좋은 하루를 보낼 수 있을까?

1. _____
2. _____
3. _____

나를 위한 긍정의 한 줄은?

_____
_____

오늘 일어난 멋진 일 3가지는?

1. _____
2. _____
3. _____

무엇을 했더라면 오늘 하루가 더 만족스러웠을까?

_____
_____

DATE _____ / ____ / ____

생각하는 것이 그대가 된다. 그대가 느끼는 것은, 그대가 끌어당긴 것이다.
그대가 상상한 것은, 현실이 된다.

붓다

지금 이 순간, 감사하고 싶은 일은?

1. _____
2. _____
3. _____

어떻게 하면 더 좋은 하루를 보낼 수 있을까?

1. _____
2. _____
3. _____

나를 위한 긍정의 한 줄은?

_____
_____

오늘 일어난 멋진 일 3가지는?

1. _____
2. _____
3. _____

무엇을 했더라면 오늘 하루가 더 만족스러웠을까?

_____
_____

DATE _____ / ____ / ____

인생은 그 자체로 당신의 스승이고,
당신은 지속적인 배움의 상태에 있다.
이소룡

지금 이 순간, 감사하고 싶은 일은?

1. _____
2. _____
3. _____

어떻게 하면 더 좋은 하루를 보낼 수 있을까?

1. _____
2. _____
3. _____

나를 위한 긍정의 한 줄은?

_____
_____

오늘 일어난 멋진 일 3가지는?

1. _____
2. _____
3. _____

무엇을 했더라면 오늘 하루가 더 만족스러웠을까?

_____
_____

DATE _____ / ____ / ____

고개를 들어 햇볕을 바라보면 그림자가 보이지 않는다.
해바라기들은 그렇게 한다.
헬렌 켈러

지금 이 순간, 감사하고 싶은 일은?

1. _____
2. _____
3. _____

어떻게 하면 더 좋은 하루를 보낼 수 있을까?

1. _____
2. _____
3. _____

나를 위한 긍정의 한 줄은?

_____
_____

오늘 일어난 멋진 일 3가지는?

1. _____
2. _____
3. _____

무엇을 했더라면 오늘 하루가 더 만족스러웠을까?

_____
_____

DATE _____ / ____ / ____

세상을 바라보는 관점을 바꿀 때,
당신이 바라보는 것들이 변한다.
웨인 다이어

지금 이 순간, 감사하고 싶은 일은?

1. _____
2. _____
3. _____

어떻게 하면 더 좋은 하루를 보낼 수 있을까?

1. _____
2. _____
3. _____

나를 위한 긍정의 한 줄은?

_____
_____

오늘 일어난 멋진 일 3가지는?

1. _____
2. _____
3. _____

무엇을 했더라면 오늘 하루가 더 만족스러웠을까?

_____
_____

DATE _____ / ____ / ____

주간 도전 과제
내가 가장 집중할 수 있는 공간을 찾아보라.
그곳에서 일주일에 최소 3시간은 보낼 수 있어야 한다.

지금 이 순간, 감사하고 싶은 일은?

1. _____
2. _____
3. _____

어떻게 하면 더 좋은 하루를 보낼 수 있을까?

1. _____
2. _____
3. _____

나를 위한 긍정의 한 줄은?

_____
_____

오늘 일어난 멋진 일 3가지는?

1. _____
2. _____
3. _____

무엇을 했더라면 오늘 하루가 더 만족스러웠을까?

_____
_____

DATE _____ / _____ / _____

항구에 정박해 있는 배는 안전하지만,
그것이 배의 존재 이유는 아니다.
존 셰드

지금 이 순간, 감사하고 싶은 일은?

1. _____
2. _____
3. _____

어떻게 하면 더 좋은 하루를 보낼 수 있을까?

1. _____
2. _____
3. _____

나를 위한 긍정의 한 줄은?

_____
_____

오늘 일어난 멋진 일 3가지는?

1. _____
2. _____
3. _____

무엇을 했더라면 오늘 하루가 더 만족스러웠을까?

_____
_____

DATE _____ / ____ / ____

만일 기회가 문을 두드리지 않는다면,
문을 만들어라.
밀튼 버를레

지금 이 순간, 감사하고 싶은 일은?

1. _____
2. _____
3. _____

어떻게 하면 더 좋은 하루를 보낼 수 있을까?

1. _____
2. _____
3. _____

나를 위한 긍정의 한 줄은?

_____
_____

오늘 일어난 멋진 일 3가지는?

1. _____
2. _____
3. _____

무엇을 했더라면 오늘 하루가 더 만족스러웠을까?

_____
_____

DATE _____ / ____ / ____

> 빨리 가고 싶다면 혼자 가라.
> 멀리 가고 싶다면 함께 가라.
> **아프리카 속담**

지금 이 순간, 감사하고 싶은 일은?

1. _____
2. _____
3. _____

어떻게 하면 더 좋은 하루를 보낼 수 있을까?

1. _____
2. _____
3. _____

나를 위한 긍정의 한 줄은?

_____
_____

오늘 일어난 멋진 일 3가지는?

1. _____
2. _____
3. _____

무엇을 했더라면 오늘 하루가 더 만족스러웠을까?

_____
_____

DATE _____ / ____ / ____

스스로에 대한 진실을 말하지 않는 사람은,
다른 사람에 대한 진실도 털어놓을 수 없다.
버지니아 울프

지금 이 순간, 감사하고 싶은 일은?

1. _____
2. _____
3. _____

어떻게 하면 더 좋은 하루를 보낼 수 있을까?

1. _____
2. _____
3. _____

나를 위한 긍정의 한 줄은?

_____
_____

오늘 일어난 멋진 일 3가지는?

1. _____
2. _____
3. _____

무엇을 했더라면 오늘 하루가 더 만족스러웠을까?

_____
_____

DATE _____ / ____ / ____

당신이 더욱 성숙해갈수록,
부족함들이 당신을 더 아름답게 만든다는 걸 깨닫게 될 것이다.
비욘세

지금 이 순간, 감사하고 싶은 일은?

1. _____
2. _____
3. _____

어떻게 하면 더 좋은 하루를 보낼 수 있을까?

1. _____
2. _____
3. _____

나를 위한 긍정의 한 줄은?

_____
_____

오늘 일어난 멋진 일 3가지는?

1. _____
2. _____
3. _____

무엇을 했더라면 오늘 하루가 더 만족스러웠을까?

_____
_____

DATE _____ / ____ / ____

성공은 종종 실패가 불가피하다는 것을
모르는 사람들이 달성하는 것이다.
코코 샤넬

지금 이 순간, 감사하고 싶은 일은?

1. _____
2. _____
3. _____

어떻게 하면 더 좋은 하루를 보낼 수 있을까?

1. _____
2. _____
3. _____

나를 위한 긍정의 한 줄은?

_____
_____

오늘 일어난 멋진 일 3가지는?

1. _____
2. _____
3. _____

무엇을 했더라면 오늘 하루가 더 만족스러웠을까?

_____
_____

DATE _____ / ____ / ____

기쁨을 늦추면, 사그러들 것이다.
문제를 늦추면, 자라날 것이다.
파울로 코엘료

지금 이 순간, 감사하고 싶은 일은?

1. _____
2. _____
3. _____

어떻게 하면 더 좋은 하루를 보낼 수 있을까?

1. _____
2. _____
3. _____

나를 위한 긍정의 한 줄은?

_____
_____

오늘 일어난 멋진 일 3가지는?

1. _____
2. _____
3. _____

무엇을 했더라면 오늘 하루가 더 만족스러웠을까?

_____
_____

DATE _____ / _____ / _____

당신이 무엇을 모르는지를 아는 것이
영리한 것보다 훨씬 쓸모가 있다.
찰리 멍거

지금 이 순간, 감사하고 싶은 일은?

1. _____
2. _____
3. _____

어떻게 하면 더 좋은 하루를 보낼 수 있을까?

1. _____
2. _____
3. _____

나를 위한 긍정의 한 줄은?

_____
_____

오늘 일어난 멋진 일 3가지는?

1. _____
2. _____
3. _____

무엇을 했더라면 오늘 하루가 더 만족스러웠을까?

_____
_____

DATE _____ / ____ / ____

제대로 할 시간이 없다면,
한 번 더 할 시간이 있다고는 어떻게 확신하는가?
세스 고딘

지금 이 순간, 감사하고 싶은 일은?

1. _____
2. _____
3. _____

어떻게 하면 더 좋은 하루를 보낼 수 있을까?

1. _____
2. _____
3. _____

나를 위한 긍정의 한 줄은?

_____
_____

오늘 일어난 멋진 일 3가지는?

1. _____
2. _____
3. _____

무엇을 했더라면 오늘 하루가 더 만족스러웠을까?

_____
_____

DATE _____ / ____ / ____

변화의 열쇠는 당신의 모든 에너지를, 지나간 것과 사투하지 않고,
새로운 것을 짓는 데 집중하는 것이다.
소크라테스

지금 이 순간, 감사하고 싶은 일은?

1. _____
2. _____
3. _____

어떻게 하면 더 좋은 하루를 보낼 수 있을까?

1. _____
2. _____
3. _____

나를 위한 긍정의 한 줄은?

_____
_____

오늘 일어난 멋진 일 3가지는?

1. _____
2. _____
3. _____

무엇을 했더라면 오늘 하루가 더 만족스러웠을까?

_____
_____

DATE _____ / ____ / ____

주간 도전 과제

아마도 이 책을 꾸준히 썼다면 6개월이 지나 있을 것이다.
지금까지 쓴 것들을 천천히 들여다보라. 분명 깨닫는 것이 있으리라.

지금 이 순간, 감사하고 싶은 일은?

1. _____
2. _____
3. _____

어떻게 하면 더 좋은 하루를 보낼 수 있을까?

1. _____
2. _____
3. _____

나를 위한 긍정의 한 줄은?

_____
_____

오늘 일어난 멋진 일 3가지는?

1. _____
2. _____
3. _____

무엇을 했더라면 오늘 하루가 더 만족스러웠을까?

_____
_____

이정표 그리고 커피 한 잔의 여유

"진짜 작가들은 알지만 작가 지망생들은 모르는 비밀 한 가지가 있다.
그것은 글 쓰는 일이 힘든 것이 아니라
글을 쓰기 위해 자리에 앉기가 힘들다는 것이다.
앉지 못하게 방해하는 것이 '저항'이다."
_ 스티븐 프레스필드

6개월 이상에 걸친 당신만의 《하루 5분 아침 일기》를 완성한 것을 축하한다! 이토록 아름답고 새로운 습관을 만들어낸 것을 몇 분간 음미하면서 스스로에게 아낌없이 보상을 하길 바란다. 당신은 아늑한 잠자리에서도, 그리고 불현듯 일기를 작성하지 않았음을 기억해냈던 날들에도 손을 뻗어 이 책을 펼쳐주었다.

그 모든 '저항'을 이겨낸 것에 찬사를 보낸다.

이제는 깊이 숨을 들이쉬고 미소를 지어보라. 그리고 이 이정표를 축하하기 위해 잠시 쉬어가도록 하자. 이정표는 우리가 얼마나 멀리 왔는지를 알려주는 지표로 존재한다. 또한 이 여정이 앞으로도 계속된다는 사실을 일깨워준다. 우리가 과거를 상세히 들여다보고 미래를 계획할 수 있게 돕는다. 마치 새해의 첫 날, 생일 그리고 커피 한 잔의 휴식 시간을 가질 때처럼. 스스로에게 무엇인가 좋은 선물을 함으로써 여기 표시된 이정표를 즐기시기를.

우리는 또한 당신이 계속해서 내일을 기록할 수 있도록 새로운 《하루 5분 아침 일기》가 한 권 더 준비되어 있기를 바란다.

NOTES

NOTES

NOTES

NOTES

NOTES

NOTES

감사의 말

먼저 어머니 리디아에게 고맙다는 말을 하고 싶습니다. 나를 언제나 믿어주고 성공하라고 부담을 주지도 않으셨죠. 내가 이룬 모든 것은 어머니 덕분입니다. 항상 내 곁에서 나를 지지해 주는 애정 어린 아내에게도 감사의 말을 전합니다. 나와 꿈을 꾸고, 믿음을 주고 창작을 함께해주어서 고맙습니다.

그리고 나의 멘토들에게 큰 감사를 돌립니다. 리처드 브랜슨, 팀 페리스, 로버트 그린, 세스 고딘 그리고 토니 로빈스. 당신들은 도전을 두려워하지 않았고 당신들의 놀라운 이야기를 내게 나눠주었어요. 나는 더 나은 삶이 가능하다는 믿음을 갖게 되었고 그것을 현실로 만들어내기 위해 행동했습니다.

_인텔리전트 체인지 공동창업자, 알렉스 이콘Alex Ikonn

부모님(람다스 그리고 가야스리)께—당신들은 정말 놀라워요. 두 분께 사랑한다는 말을 전합니다. 큰 빚을 졌습니다. 당신들의 아들로 태어나는 행운을 주셔서 감사합니다.

그리고 내게 세상을 바꾸는 일은 매일의 일상 안에 있다는 응당한 믿음으로 끊이지 않는 신뢰의 그물망으로 이루어진 더 나은 세상에 대한 비전을 준 나의 좋은 친구 알렉스 이콘에게 감사의 말을 전합니다. 아울러 미미 이콘(알렉스의 아내)의 통찰과 수고 그리고 마케팅부터 침실 인테리어에 이르기까지 세상을 보는 당신의 시선에 감사를 표합니다. 당신 또한 정말 놀라워요.

마지막으로, 몇몇 엄청난 선생님들—그레그 말세키, 스리마티 라자라크슈니, 샌 삽, 팀 페리스, 크리슈나 랄 만트리지, 폴 에크먼, 마크 커밍스에게 감사를 전합니다.

_인텔리전트 체인지 공동창업자, UJ 람다스UJ Ramdas

지은이 인텔리전트 체인지 Intelligent Change

인텔리전트 체인지는 현대인들에게 긍정적인 습관을 만들어주는 이 책 《하루 5분 아침 일기》와 《프로덕티비티 플래너 Productivity Planner》를 출간한 회사다. 현재 전 세계 수십만 독자들이 인텔리전트 체인지의 책과 메일링 서비스, 각종 다양한 자기계발 프로그램에 참여하고 있다. 2013년 6월 출간된 《하루 5분 아침 일기》는 지금껏 영미 아마존 장기 베스트셀러로 큰 사랑을 얻고 있다.

옮긴이 정지현

일상의 정취가 묻어나는 이야기를 사랑하는 그녀는 미국에서 딸을 키우며 번역 활동에 대한 사랑도 함께 키워나가고 있다. 현재 출판번역 에이전시 베네트랜스에서 전속 번역가로 활동 중이다.

하루 5분 아침 일기 The FIVE-MINUTE JOURNAL

1판 1쇄 발행 2017년 11월 6일
1판 7쇄 발행 2025년 10월 27일

지은이 인텔리전트 체인지 **옮긴이** 정지현
발행인 오영진 김진갑 **발행처** (주)심야책방

출판등록 2013년 1월 25일 제2013-000028호
주소 서울시 마포구 월드컵북로5가길 12 서교빌딩 2층
전화 02-332-3310 **팩스** 02-332-7741
블로그 blog.naver.com/midnightbookstore
페이스북 www.facebook.com/tornadobook

ISBN 979-11-5873-095-6 13190

이 책은 저작권법에 따라 보호를 받는 저작물이므로 무단전재와 복제를 금하며,
이 책 내용의 전부 또는 일부를 사용하려면 반드시 저작권자와 (주)심야책방의 서면 동의를 받아야 합니다.

잘못되거나 파손된 책은 구입하신 서점에서 교환해드립니다.
책값은 뒤표지에 있습니다.

이 도서의 국립중앙도서관 출판예정도서목록(CIP)은 서지정보유통지원시스템 홈페이지(http://seoji.nl.go.kr)와 국가자료공동목록시스템(http://www.nl.go.kr/kolisnet)에서 이용하실 수 있습니다.
(CIP제어번호 : CIP2017025432)